云南百位历史名人传记丛书

中共云南省委宣传部◎编

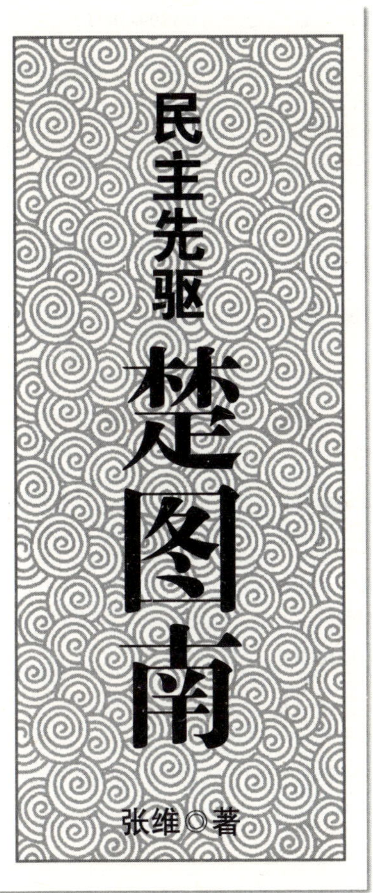

云南出版集团

云南人民出版社

图书在版编目（CIP）数据

民主先驱——楚图南 / 张维著. -- 昆明 : 云南人民出版社, 2017.7

（云南百位历史名人传记）

ISBN 978-7-222-15073-7

Ⅰ.①民… Ⅱ.①张… Ⅲ.①楚图南（1899-1994）—传记 Ⅳ.①K827=7

中国版本图书馆CIP数据核字(2016)第220969号

出 品 人：李　维
赵石定
责任编辑：吴　虹　刘　娟
装帧设计：马　滨
责任校对：王梓麒
责任印制：马文杰

书名　**民主先驱——楚图南**
作者　张维　著
出版　云南出版集团　云南人民出版社
发行　云南人民出版社
社址　昆明市环城西路609号
邮编　650034
网址　http：//ynpress.yunshow.com
E-mail　ynrms@sina.com
开本　889mm×1194mm　1/32
印张　7.625
字数　130千
版次　2017年7月第1版第1次印刷
印刷　昆明卓林包装印刷有限公司
书号　ISBN 978-7-222-15073-7
定价　27.00元

如有图书质量及相关问题请与我社联系
审校部电话0871-64164626　印制科电话0871-64191534

云南百位历史名人传记丛书

编委会名单

总　序

丛书编委会

历史长河浩浩荡荡！中华文明自滥觞至汇聚千流，涵纳万水，奔腾迭起，云蒸霞蔚，延五千年之长史，至今生机勃然，是迄今世界上唯一保持完整且衍传有序、光耀于人类的伟大文明。

习近平总书记指出：一个国家、一个民族的强盛，总是以文化兴盛为支撑的。中华民族是具有非凡创造力的民族，我们创造了伟大的中华文明，实现中华民族伟大复兴的中国梦，必须弘扬中国精神。以爱国主义为核心的民族精神，以改革创新为核心的时代精神，是兴国之魂，强国之魂。

云南，是祖国西南神奇、美丽、富饶的宝地，是中华文明中极具特质和创造潜力的丰美之乡。云南少数民族文化是中华民族文化的重要瑰宝。长期以来，云南大地上，各民族和睦与共，相濡相生，共同创造了色彩瑰丽、形态多元、底蕴厚重、影响深远的历史文化，为我们留下了珍贵的精神遗产。人，是历史的镜子，是历史最生动的环节，人民是历史的主人和创造主体。在人类历史的进程中，一个个不同时期的代表人物产生过一些不同的影响。“云南百位历史名人传记丛书”就是这样一丛历史的记录，一百位历史名人，虽未必尽能概全，各位历史人物的代表性也不尽相同，但都是“追梦人”，是振兴民族伟大理想的传薪人、探索者和实践家。

在这些代表人物中，无论是拓土开疆的将帅勇者，还是蹈海酬志的大国使节；无论是志于传播文明的鸿儒巨擘、先哲贤士，还是为民族独立解放而高歌猛进、慷慨捐躯的群雄英杰，都贯注了这一重要精神。正是以他们为代表的云南各族人民创造并抒写了可歌可泣的英雄史章，熔铸了坚韧不拔、奋为人先、包容博大、敢于担当的精神品质，才使云南在中华文明的长史中闪耀着特有的光辉。尤在近代中国，在辛亥护国风云中，在反对外辱保卫祖国边疆维护民族尊严、抗击日本法西斯侵略中，云南站在历史前台，以中华群雄的不屈身影演出了一幕幕豪迈悲壮的历史大戏，也更涌现了一批足以彪炳史册、光照后人的杰出人物。这一切，给予中国历史进程深远的影响。

今天，实现中华民族伟大复兴之梦，谱写富民强滇中国梦的云南篇章，需要以中华文化发展繁荣为重要条件，这就需要接续这一光荣而伟大的精神传统，在继承中创新，在创新中发展，在发展中超越。云南正处于一个新的历史起点上，需要大力挖掘历史文化资源，聚合更强大的精神动力，为推动我省科学发展、和谐发展、跨越发展凝心聚力。为此，我们组织省内外专家学者编写出版了“云南百位历史名人传记丛书”。这对加强我省各族人民，尤其是青年一代对历史的了解、认同，爱国爱乡爱民并甘于奉献，对提升优秀精神品质，形成团结奋斗的共同的思想基础，坚定推进富民强滇的信心和决心，显然有着重要的现实意义和切实的助力。

一百位历史人物，所处历史时期并不相同，其历史作用也有差异，甚至就个人的全面历史评断方面也难以等量趋同。但我们以为这些留存史迹的人物，所以传扬至今，为后世崇奉，均有他们共同的历史向度和价值取向，我们学习这些历史人物，至少应当着重于以下几个大的方面，即：“守大德、重大义、集大成、有大度、达大观”。

守大德，即恪守道德规范。“德者，本也。”（《礼记·大学》）“大德”既是国家民族的根本利益所在，也是中国文化中最核心的价值理念及标准。古语“行德则兴，背德则崩”，不仅是资政经验，也是个人修习完善的根基。所谓“厚德载物”，直观的理解，就是如果德行浅薄，是不能兴物成事，更不能造就伟大功业的。云南历史文化名人，大多以德立身，大节不移，并对此恪守坚定，一以贯之；始终保持正确信念和理想，并为之奋斗到底。这是我们首先要学习尊崇的。

重大义，即以国家民族利益的需要为个人行为取舍的标准。有大义，才有大爱。这些先贤无不爱云南爱乡土，以兴业乡梓、造福一方为己任。尤在国家民族命运攸关、生死存亡的关头，这些令人崇敬的先辈，大义擎天，逢难不避，敢于担当，责无旁贷，勇往直前，不惧牺牲。一个心存天下大公的人总会在不经意的一瞬决定大义的选择，这是社会进步的希望所在，更何况实现中华复兴的伟大梦想，还有很多异常艰危的事业在等待我们去克难攻坚。所以，举凡大义、为民为国、全身而进的精神是我们应当效法崇尚的。

集大成，“知类通达，强立而不反，谓之大成”。这些历史人物留下的足迹，予人深刻启迪。他们无论是出将入相，还是布衣一袭，均勤学不辍，求索不止，在追求真理和知识的道路上刻苦务实，义无反顾，永无终期，故能成大器，胜大任，不辱使命。今天，世界进入知识信息时代，软硬实力决定一个国家能否赢得发展机遇，乃至自立于强国之列的地位。其紧迫性不亚于先辈梦想中国富强的百年期许。但今天所谓“集大成”，是更高更大更具有生存挑战性和发展战略性的，是集世界之“大成”，集政治经济、科技文化、制度建设、社会发展等一切领域“总成”，玉成中国梦的空前伟大的事业。所以，先人刻苦自律、博学精进的学习精神我们应当秉持继承。

有大度，即要有开放包容的胸怀。云南历史文化名人的一个共通品质，也是一个显著特点就是，即使身处僻远，总能破除狭隘与陋见，以宏大度量，兼容并包，接纳先进，吸收优异，团结一切可以团结的力量，聚合一切可以聚合的资源，总成一股创造历史的宏大动力，来完成伟大的事业。哪怕是割股舍己，也在所不惜。今天，云南要实现跨越式发展，保持开放包容的胸怀尤其重要。所以，先辈"天下云南"的大度我们应当弘扬光大。

达大观，即要眼观天下，达察全局，与时俱进，审时知变，敢为人先。推动云南社会历史进步的代表人物，无不目光远大，胸怀全局，对世界潮流、时代嬗变，都能审视洞悉，并欣然顺应规律，故能在历史转折的关键时刻做出正确选择，成就改天换地的一番伟业。古语有"小智自私"、"达人大观"，是将为个人谋私的小智谋与担当天下兴亡的大智慧尖锐对比而言的。否则，"其兴也勃焉，其亡也忽焉"。一个为民为国而应用心智的人，必然有达观天下的心怀，也由此激发潜能、超迈寻常，而使人生境界也更加美好而宏丽。遍观世界文明史，许多影响人类进步的伟大创新，正是以此为动力和起点的。今天，中国经济社会的快速发展，国家的日益强大，正为实现中华民族伟大复兴的中国梦开拓了无限广阔的道路，也为个人实现自身价值创造着更加富实的前景。所以，先辈们达观天下的精神我们应当引为楷模。

我们对志向高远、仰观天下、俯察民情、甘为路石、慨当以慷、求真务实的历史名人，心存景仰，并愿与千千万万的读者，尤其是青年朋友一道学习弘扬。

组织编撰“云南百位历史名人传记丛书”是一项重要的文化工程，编撰出版人员都做出了艰苦的努力，但由于众手修书，书稿层次不一，成书体例难以做到完全一致，对存在的不足敬请读者批评指正，我们将虚心接受，并在修订再版时一并吸纳修改完善。

引子

第六届全国人大常委会副委员长楚图南，是从滇东南的文山小县城走出去的一位老共产党员。他在李大钊、蔡和森的指引下，投身革命，1926年加入中国共产党。他毕生追求人民民主，追求国家进步。中国民主同盟昆明支部于1943年刚成立，他便成了盟员。1945年底他担任民盟云南省支部主委，带领云南盟员向国民党专制政权作英勇斗争。20世纪50年代至90年代，他历任中国民主同盟中央委员会常务委员、副主席、代主席、名誉主席。

楚图南的人生历程饱经忧患。他幼年丧母，寄人篱下；少年艰辛，刻苦求学；考取北京高师官费生后，贫寒苦读；毕业后走上革命道路，北上白山黑水，南下齐鲁大地，几次躲避通缉，后遭牢狱之灾；抗战八年，风雨如晦，共赴国难；民主运动中，腥风血雨，险遭反动派暗算，可谓“血泪斑斑万里长”！

然而，“忧患摧人更坚强”！近一个世纪以来，面对“狂暴拦路”、“险境丛生”，楚图南始终抱着乐观的、积极进取的态度，胸怀世界大同、人类终将走向共产主义的信仰，不断地努力去“创建人类新曙光”。

楚图南不仅是一位杰出的民主战士，还是新中国的一位卓越的外交活动家。他为了祖国的民间外交事业，足迹踏遍了五大洲，云游天涯，万里征程……

同时，楚图南还是一位优秀的文学翻译家、书法家、诗人，在这些领域，都留下了他不懈耕耘的显著业绩。

楚图南以95岁高龄辞世，他对云南家乡和家乡人民的感情始终是很深的。他的子女遵照他的遗愿，将他的骨灰撒在了美丽的滇池里。

在楚图南的故乡文山县西华公园半山间一个绿荫遮蔽的地方，家乡人民敬立了一面镌刻着楚老生平文字的石壁，壁前端立着楚老的雕像。楚老和夫人的骨灰盒就安放在石壁与雕像之间的家乡的泥土中。

瞻仰着楚老的雕像，不由得令人想起楚老20世纪80年代初为著名雕塑家熊秉明的雕塑作品《老牛》题写的这首诗：

刀雕斧凿牛形成，
百孔千疮悟此生。
历尽人间无量劫，
依然默默自耕耘。

这首诗其实也可以看成是楚老的生平写照。一生自奉甚俭、廉洁自律、甘于淡泊、善于学习、苦于追求、勇于进取的楚老，正是党和人民的一头“老黄牛”。在近一个世纪的岁月沧桑中，楚老历经坎坷与磨难，为革命事业饱受锤炼，真可谓“历尽人间无量劫”。然而，凭着从大革命时期起就锻造的坚强信念，凭着对党和人民事业的忠诚和执著，凭着一身正气和淡泊名利的高尚情操，楚老毕生都在“依然默默自耕耘”，把自己的一生都无私地献给了党和人民。

楚老的雕像双目炯炯有神，慈祥而睿智的目光，深情地注视着正日新月异地发生着巨大变化的文山……

目录//MULU

◆ 忧患童年

◆ 投身革命

◆ 抗战岁月

目录//MULU

目录//MULU

忧患童年

19世纪末20世纪初的文山城，是一座自然风光美好的边陲小县城。可是，楚图南在这里度过的童年却是苦涩的，令人心酸的。

他父亲远游昆明，长年在外。在他6岁时，母亲病逝。由于家境贫寒，他寄住在穷亲戚家，小小年纪就得干各种劳作，放猪、牧牛、割草、舂米，还帮过佣。在劳作的同时，他懂得要发愤读书，先是在私塾陪读，辛亥革命后进了新办小学就读。他边读书，边挑水卖。14岁时他跟着一伙马帮到昆明找到父亲，15岁时考入了昆明联合中学，1919年，他凭着艰苦卓绝的努力，考上北京高师（北师大前身）官费生。

挑水卖的穷孩子

19世纪末的文山城，是一座很小的县城。

地处滇东南边陲的文山县，是一个山多地少的县份。县城处于群山包围的文山盆地中。这样的小盆地，在云南称为“坝子”。

仅距文山城西几公里处的西华山，陡峭峥嵘，怪石多姿，泉水清澈，亭阁掩映。紧靠文山城东的是又称为钟秀山的东文山，群峰耸翠，松柏葱茏。东文山的左侧是并列若乳的两山，称为乳山，当落照掩映时，青翠染红，余晖灿烂。

在文山坝子的西北与东南两端的群山中有被称为镰刀峡和金钟峡的两条峡谷。镰刀峡中有一座上天生桥，金钟峡中有一座下天生桥。两桥距县城都不过十来公里。从中穿流的是盘龙河，“弯环一水绕关城，形似游龙万里行。更有地形奇绝处，源流桥锁二天生。”清人留下的这首题为《盘龙河素练》的诗便是很好的写照。

盘龙河先从镰刀峡穿流而下后，蜿蜒前行，至文山县城，便依城而流，三面环绕县城，然后才奔东南而去。待进到坝子东南端的金钟峡，又自有一番壮观景象。谷深壁陡，水流湍急，险峻非常。在峡中抬头仰望，蓝天白云与陡壁、绿树浑然一体，蔚为壮观。

离文山县城再远一些的西边老君山和薄竹山，距城六七十公里。两山相连，层峦叠嶂，山势挺拔，森林苍莽，引人入胜。那老君山峭壁突兀，瀑布飞泻，群山延绵。而薄竹山中则是薄竹青翠，林海松涛，流水淙淙，杜鹃声声。

文山的山山水水是那样的美好，可是，楚图南在这钟秀文山度过的童年却是苦涩的，饱经忧患的。

1899年8月28日（农历己亥年七月廿三日），楚图南出生于这座小县城里一条很短的街上。这条小街不仅短，还很窄，仅有五六尺宽，是用石块铺成的。这条石板小街的两侧各有一条小阴沟。沟的宽度也不过一尺左右，上面用石条覆盖。于是，当地人把这里叫做“三步两座桥”，这叫法十分形象，而且还好听。

他家的门面地基比街面大约高出一尺半，门前垫了块半尺多高的石条作台阶。门道很窄，也就能容得下两人擦肩而过。走完这一丈多长的门道，是一块两丈见方的小天井。正房一楼一底，左右耳房前面的天井边，不经意地种着一些不起眼的花草。房子是文山城里常见的一般贫苦人家住的那种土墙木结构，一幅破旧模样，让人很容易想到主人家的贫困和辛酸。

不过，楚家的祖上却是一个大家族，祖籍陕西，后来移到江苏南京居住。明朝洪武年间，他家这一族人随沐英率领的明军由南京入滇后，就在云南这块红土地上生息繁衍。先是居易门，然后迁往临安（今建水县）定居。不想后来发生回民杜文秀起义，清军举兵镇压，临安城陷落。楚图南的祖父当时尚未成年，兵荒马乱之中，只身背着祖宗牌位逃出临安，步行几百里，逃到开化府（今文山县），遂定居下来，从此便成了文山人。

到楚图南的父亲这一辈，家境已属清寒之流了。在楚图南很小的时候，他父亲便离开文山远游省城昆明，长年在外。图南随母亲在文山生活，未料他6岁时，母亲便病逝了。由于家境贫寒，图南只能寄住在亲戚家。可亲戚家也不富裕，图南小小年纪就得干各种劳作，放猪、牧牛、割草、舂米，还帮过佣。稍长大一点后，他就从城南的盘龙河中挑水到城中卖，那稚嫩的双肩常常被压得通红。他人小力气小，常常挑一段路歇一歇，又强撑着挑一段路。一开始挑不动满桶，只能挑半桶。一担水两个半桶合起来只能卖一桶水的钱，这卖水钱实在是少得可怜。初挑水时他还得学着换肩，一不小心，肩未换好，水桶翻了，只得噙着泪花再返回河边担水。年纪小小的图南实在是饱尝了生活的艰辛与苦涩。

干各种劳作的同时，图南懂得要发愤读书。他先是在私塾陪读，学《三字经》、《百家姓》、《千字文》、《幼学琼林》等。辛亥革命后文山有了新办小学，他又进入新办小学就读。他读书很刻苦，有时利用挑水卖的间隙抓紧看书。有人问他："你是要吃饭还是要读书?"他回答说："饭是要吃的，但更要紧的是要读书。饭吃饱就行了，知识是咋个也吃不饱的。"他还说："吃的穿的一般点就可以了，只要读好书，将来会有用的。”

战就是在开化最先办起来的这所小学里，图南耳闻目睹了一起多年后还沉重地压迫在他心上的事件：他知道了一个“可悲的牺牲者”——废除科举后文山的第一个赴欧洲留学生杨保堃婚礼事件。

杨保堃是云南第一批留欧学生中的一位。他先到法国，再到比利时学工科。1911年春天，他学成归国，回到了故乡文山。不久他迎娶了订婚多年的未婚妻，举行“文明结婚”的仪式，不坐花轿，不用头盖，不拜天地，也不叩头，更没有吹鼓手和执事。并且，不仅亲友，凡是愿意观礼的外人，都欢迎去。他想提倡一种新风气，矫正家乡自来相传的繁缛和虚伪的恶俗。

可是，杨保堃的婚礼上，地方上的卫道者和愚昧守旧的百姓却闹闹嚷嚷，骂声不断，有骂“杂种、假洋人”的，有骂“败坏风纪，教坏乡村”的……杨保堃又失望又沮丧，婚礼只得草草收场。接下来几天中，攻击和咒骂杨保堃的“白头帖”贴满全城，还有不少过路人向杨家投掷石子、瓦砾、马粪。更有甚者，地方绅士竟接二连三地向县政府提出对杨保垄的正式的“控告”，县长竟在县府大堂公开审讯杨保堃，大堂上公开地伴合着绅士们极刻薄的诅咒和污积刺耳的难堪的辱骂。

这一事件深深刺痛了少年图南的心，给他心灵上造成的震撼太强烈了！旧礼教、旧习俗竟是这样的可怕、可憎！这个事件，促使图南要离开文山。加之收养楚图南的那家亲戚也因穷困而再也无能力照管他了，最后，亲戚只好给了他两个银毫子做盘缠，打发他到昆明去找他的父亲。

“不知怎的，从这时起，幼小的心灵上，总是惘惘的。我下意识地，或者说也是本能地，要想离开了故乡，到一个新的地方去了。我想生活在狼群和恶鬼道中，或者还有更多的人与人的善意和温暖，所以，第二年，即哭泣着写信给父亲要来省城的学校读书了。”①——楚图南日后这样回忆道。

于是，14岁的楚图南跟着马帮沿着崎岖不平的山路，跋涉到了蒙自。然后，他独自乘上滇越铁路那喘着粗气的小火车，在那“哐当——哐当——”的烦闷响声中，穿过崇山峻岭，心情沉重地向着省会昆明驶去……

打这以后，楚图南一生中再也没有回过故乡文山。尽管他对故乡一直深深地挚爱着，可是，当他“一想到了杨保堃的这个故事，便如同触电一样，突然消失了眼前的美丽的异境。这时，涌沸在心情里的，则是无名的忧郁、悲愤和感伤。”②

当14岁的楚图南跟着一伙马帮离开文山的那个时候，他的童年便结束了。打这时开始，他日后80个春秋的道路，也正如这时跟着马帮行走的山路一样，是那样的崎

---

①楚图南：《记杨保堃》（1947年9月），《楚图南集》，云南教育出版社，1999。

②楚图南：《记杨保堃》（1947年9月），《楚图南集》，云南教育出版社，1999。

岖不平，那样的艰辛。而14岁之前的童年，却又是那样的令人心酸，那样的忧患。童年的这段忧患经历让楚图南毕生铭记，永难忘怀。1984年，楚图南85岁时，还心情沉重地写下了这样一首诗：

梦　母

夜梦幼年失母，
依贫苦亲友家
凭苦工寄食，醒而不寐，书此。
昂首向天放脚印。
平生两事最萦心。
忧患童年惊旅梦，
民间疾苦总关情。

走进省城

楚图南乘坐的这列小火车终于徐徐驶进了昆明南站。当年昆明的火车只有这种窄轨的。相对准轨火车来说，人们把这种窄轨火车叫作小火车。这条滇越铁路还是法国人修的。昆明南站的站台和车站大楼都是按法式建筑风格修建的。

父亲在站台接到了楚图南，带着他穿过检票口走出候车室。站在车站广场上，楚图南抬头仰望着车站大楼那高大宏伟的洋楼，望着那塔尖下嵌着的大钟。心头有一种说不出的感觉。这是他第一次出远门，也是第一次坐火车。

走出车站广场，往左一拐是塘子巷，走完这段不长的路再往左拐便到了金碧路。顺路再往前走一段，就见到了那交相辉映、高大巍峨的金马坊、碧鸡坊。街上熙熙攘攘的人群，来来往往的黄包车、小马车，街道两侧各种各样的铺面，沿街吆喝叫卖的小摊贩……一切都让楚图南感觉很新鲜，很有趣。山国外面的世界那么大，那么令人惊讶！

楚图南这个山国的儿子，从此迈出了走出山国的第一步。他从此开始接触山国外的世界。

失掉母亲的儿子找到了父亲，自然激动万分。父亲见到幼年丧母的可怜的儿子，当然很高兴。可是，父亲此时的经济状况却很窘迫，不能为儿子提供稍微好一点的生活条件。父亲希望儿子继续求学，儿子也渴望继续读书。可是，父亲却没有钱。加之儿子在家乡文山的学校水平与昆明学校的水平存在差距，此时直接考入昆明的学校确有困难。于是，父亲只好先让儿子去做一家店铺的小学徒，边干活养自己边抽空复习功课准备考学。

楚图南那挑过水的稚嫩的双肩，如今又压上了挣钱养活自己的生活重担。在这家小店铺里，老板不付工钱，只管一日三餐饭，每月给上少许零用钱。即使这样，楚图南也很满足了。能有饭吃，有点零用钱——自己能独立谋生了！他很知足。好在活计不是很累，一天不外乎是去送送货，或者看看铺面；再就是临时按老板的吩咐出去跑跑腿。老板待人还宽厚，干完活的间隙，楚图南拿出课本来看，老板也不责怪他。他老实本分，干活的时候，认真踏实，从不躲懒。老板对他也还满意。到了晚上，就是他读书的好时光了。他抓紧时间，温习功课，为考学校认真准备。

全凭这样的刻苦努力，楚图南在他到昆明的第二年，也就是1914年，顺利考入了昆明联合中学。这所中学的全称是“云南昆明等十一县联合中学校”，校长是吴暹。学校有条规定：“凡学年考试前三名者，免缴下学年学费。”这条规定是为鼓励学生努力学习而做出的，正适合于像楚图南这样家境贫寒、又刻苦学习努力进取的有志学生。

当时，楚图南考上昆明联合中学后，为了维持学业，不得不继续在小店铺打零工，得一点报酬帮补以维持基本生活。此外，他在学业上比别的同学更用功、更发奋，起早贪黑，抓紧时间。门门功课都学得很好。正所谓“梅花香自苦寒来”，楚图南在每年的大考中都争到了前三名。这样，他每年都得到免缴学费的待遇，一直到中学毕业。

读中学期间，他和几个同学还向父亲与友人合办的《云南旬报》投过稿，父亲还夸奖过他的文笔不错。

1919年五四运动开始后，消息传到昆明，昆明的学生也热情激昂，纷纷响应，自发地组织了很多活动，还举行了游行示威，打着小旗子，喊着口号："反对巴黎和约！""反对北洋军阀丧权辱国！""反对文言文，提倡白话文！"沿街群众纷纷驻足观看，学生们慷慨激昂的演讲和此起彼伏的口号声震动了远离北京千山万水的昆明城。

北京出版的一些刊物也陆陆续续传到了昆明，昆明各中学和各中等专科学校的一些进步学生组织了"读书会"等学生团体，阅读座谈并热烈讨论这些进步刊物。

这些游行示威活动和读书活动，楚图南都踊跃参加。六十年之后，他还很清楚地记得当时"到南门外大街金马坊东面路南的一家日本商店保田洋行的门外喊打倒帝国主义的口号，并投掷传单和报纸。"①

6月2日，昆明中学、中专的代表在西仓坡的三迤总会会馆聚商，酝酿"云南学生爱国会"的成立事宜，讨论该会的宗旨，并初定为"联络各校学生，抗御外侮，抵制日货，争回青岛主权"。同时做出如下几条决定：1.致电北京学生联合会，支援北京学生运动；2.每逢星期日各校学生轮流外出演讲，抵制日货；3.发行杂志和散发传单。

第三天，昆明各界人士在金碧路云华茶园（今云南省第一人民医院旧址）召开了近万人参加的国民大会。大会由省议会、省教育会、省商会、报界联合会、三迤总会、尚志学社等10多家团体发起。学生组织虽尚未成立，但到会学生很多，都是自发成群地参加。"救青岛即所以

---

① 楚图南：《六十年前的往事》（《战地》1979年第3期增刊）。

救中国”、“人心不死，事尚可为”等巨幅标语高高地悬挂在会场上。各位代表的发言都慷慨激昂，相当激动人心。尔后，全体与会者鼓掌通过了致巴黎专使的电报，反对在巴黎和约上签字。接着，各校学生就开始示威游行，队伍声势浩大，口号声响彻云天。当游行队伍经过日本保田洋行、府上洋行时，群众再也压抑不住心中愤怒的烈火，纷纷用石块、手旗砸击洋行的玻璃橱窗，连连高呼“抵制日货”的口号。楚图南也勇敢地行进在这游行示威的队伍中。

6月8日，云南学生爱国会正式成立。7月底，各学校放暑假。云南学生爱国会又发起组织了讲演团，分赴全省各地演讲宣传，把五四运动的爱国精神传播到各地去，大力宣传抵制日货。通过这一系列的宣传活动，云南全省，尤其是省会昆明形成了抵制日货的热潮。

8月初，楚图南领到了毕业证书，以优异成绩从昆明联合中学毕业了。这是楚图南一生中的第一张毕业证书！他是连小学都没有读完，就靠自己的努力发奋考入中学的。现在，他同样靠自己的发奋努力顺利从中学毕业了。

此时，北京高等师范学校（今北京师范大学前身）每年在云南录取新生3至5名。考试分为两次：首先在云南举行预考（初试），如通过了则能接到预考录取通知，然后再到北京复试，最后以复试成绩决定正式录取与否。

考虑到读北京高等师范学校不仅可以免学费，而且录取后还可以向云南省教育厅申请官费，楚图南决定报考北京高师，并且打算报考西语系。由于他在联中时学习刻苦，成绩优异，他很顺利地通过了第一道关——在云南的预考，接到了预考录取通知。

能通过预考，那是很兴奋的事。可是，接到预考录取通知的楚图南却反而为此发愁起来。愁什么呢?愁路费——到北京复试的路费！他和父亲怎么凑也没有办法凑足。这笔路费可不是一个小数字。再节省开支，也得六七十块大洋才够。

正当楚图南为旅费焦虑的时候，兴许是“天无绝人之路”吧，他竟意外地得到了一位素昧平生的同乡前辈的好心资助。这位老人听说同乡的一位贫寒子弟预考录取后却因没有路费到北京复试时，感慨地说：“迤南子弟得以进京师求学，实乃桑梓之幸也。”接着，他古道热肠地解囊相助，慷慨捐赠了60块大洋，用作楚图南赴京之旅费开支。

这样，楚图南终于得以启程赴京，和一位同时通过了预考的同学杨君结伴同行。他第二次坐上了小火车，从昆明到河口，再转至安南（越南）的海防，乘海轮经过广州到了上海。然后从上海乘大火车北上。到达天津后，楚图南的旅费就用光了，连从天津到北京的这最后一段路程的车费都掏不出来，不得不滞留在天津，住进一家名叫“泰安栈”的偏僻小客栈里。那位同学杨君，自己家道殷实，旅费充足，可此时并没有向楚图南伸出援助之手，只顾自己前行，与楚图南分了手，独自一人赶到北京复试去了。

楚图南一人在客栈里焦虑不安，客栈的王老板看出了这个年轻人的焦虑，询问之后，明白了缘由。这位王老板也是穷苦人出身，深有“一文钱难死英雄汉”的体会。他很同情眼下这位穷苦发愤的年轻人，于是，不但不收楚图南的房费，反而还拿出5块大洋以“借”的名义助他赴京考试，并且告诉他说，自己的祖上在患难时曾经得到过云南人士的帮助。楚图南满怀感激之情，辞别王老板离开了天津。他在心中更是暗下决心：一定要考上北京高师！

楚图南赶到北京后，寄住在宣武门外的云南会馆。当时已超过规定的复试时间，但学校考虑到云南地处边疆，交通极为不便，还是破例同意给迟到的考生参加复试。遗憾的是，楚图南原打算报考的西语部招生名额已录满，不能再增加，只有史地部还有空余名额。于是，楚图南只好改变初衷，报考史地部了。

住在云南会馆复习功课的几日时光里，楚图南心中的压力颇为沉重：一旦考场上失误，复试落榜，那连回云南的路费都没有了，后果实在不堪设想！若滞留北京，举目无亲，一个边疆来的青年要独自生存下去，又谈何容易？

也许是“置之死地而后生”吧，把方方面面的利害关系都想透了之后，楚图南反而冷静了下来。他变得不焦虑，不急躁，从从容容地抓紧时间复习。同时，他还给自己鼓气，增强自信心。他想到自己的长处，想到自己在中学扎扎实实打下的良好基础，心中越来越踏实了。每天清晨，他早早地起床，把当天考试的科目按教科书目录串一遍，以目录为纲，仔细回忆各个章节的主要内容，特别着重加强对要点的连贯记忆。由于他中学学习时的功力扎实，基础牢固，复试终于顺利通过了！楚图南被正式录取为北京高等师范学校史地部的新生。

当揣着自己多年含辛茹苦、发愤用功而努力争取到的录取通知书，迈进北京高师的大门时，楚图南的眼眶湿润了……

北京高师寒窗苦读

从1919年的秋季起，楚图南在北京开始了他的求学之旅。

北京高等师范学校的前身是1902年12月17日正式开学的京师大学堂师范馆。当时清政府仿照日本的教育制度，决定在原有的京师大学堂内设立一所师范馆，校址在景山东马神庙（旧称四公主府）。师范馆的设立是我国师范教育体系已具雏形的标志。首届学生只有130多人，除在北京直接招收的70多名外，还有50多名是由各省保送来京复试后录取的。保送生按规定必须在毕业后回到本省从事教育。

当时清政府办学的基本原则是“中学为体，西学为用”。这所师范馆也一样。办学堂在当年是一项新事物，很多青年学生向往科学知识，但对师范馆这种性质的学堂缺乏正确认识。清政府便给师范生以优厚的待遇，以吸引更多的青年上师范，毕业后能从事教育，为发展教育尽力。

这些优厚待遇包括食宿全部免费供给，操衣、靴子、青衫、腰带等服装按冬、夏两季发放，每月颁发数元至数十元的奖金（根据学生月课成绩的不同加以区别）等。直到辛亥革命之后，这一套对师范生的优待制度一直沿用下来，只是不同时期不同阶段的优待内容有不同变化而已。应该说，始于京师大学堂师范馆的这种优待制度对发展我国的师范教育事业是有积极意义的。

到1904年，师范馆改为优级师范科。1908年，优级师范科又改为京师优级师范学堂。将和平门外厂甸原五城学堂的校舍改建后为校址。这也就是楚图南入北京高师时的校址。京师优级师范学堂的建立，可以说是我国高等师范学校独立设置的开始。

辛亥革命次年，民国成立，遂改订学制。优级师范学堂改为北京高等师范学校。校长由陈宝泉担任。学校的办学宗旨是：“注意道德教育、军国民教育辅之；更以美感教育完成其道德。”“以造就中学校、师范学校教员为目的。”[①]北京高师的本科，设有国文、英语、历史地理、数学地理、物理化学、博物等6个部。各部学生除学习本专业课程外，还必修如下的各科学生“通习”科目：教育学、英语、伦理学、心理学、体操。

陈宝泉校长为提高教学质量，聘请了一批国内知名的学者到高师任教，如章嵚、王桐龄、邓萃英、许寿裳、马寅初、俞同奎、毛邦伟、商承祚、沈步洲、陶孟和、张耀翔、马叙伦、翁文灏、何炳松、丁文江、钱玄同、黎锦熙、陈映瑾、马裕藻、经亨颐、朱希祖等40余人，其中不少是刚从欧美或日本回国的留学生。他们教学认真负责，注意教学方法，并能介绍许多科学知识。他们很注意培养学生的自学能力，如著名地质学家丁文江对学生说：“我是学地质的，来教你们遗传学，不是教你们知识，而是教你们获取知识的方法，以及怎样在学习中发现和解决新问题。”

高师对学生的课业要求十分严格。除了课堂上掌握讲义的内容，必须在课下阅读参考书，考试才能及格，许多专业课都用英语讲课，高师的国文水平也是很高的。[②]

楚图南能够考入这样一所学校学习，实在是受益匪浅。在这些良师的引导之下，在这样浓厚的学术氛围之中，加上如此严格的要求，许多学生都成为社会有用之

①《师范群英光耀中华》第二卷，侯刚、麻星甫主编陕西人民教育出版社，1992。

②《师范群英光耀中华》第二卷，侯刚、麻星甫主编陕西人民教育出版社，1992。

才。进入高师的学生本来就大多出身贫寒，学习刻苦，品德诚实，正直勤勉。楚图南也同他们一样。大家互相勉励，彼此影响，共同提高。可以说，楚图南进入北京高师，是如鱼得水了。当时全国共有6所高师，除影响较大的北京高师外，还有南京、武昌、广东、成都、沈阳5所高师。

在当时的高等学校中，高师学生的待遇是很优厚的，学费免交，食宿、医疗也由学校供给，但官费生要用所领官费缴纳伙食费。

楚图南被北京高师正式录取后，立即向云南省教育厅申请官费。无奈京滇两地相隔甚远，邮政汇款速度太慢，直到入冬时，楚图南才好不容易收到了云南省教育厅汇来的首期官费共50块大洋，这是从预考录取时算起的半年费用。

收到寄来的官费后，楚图南赶快向学校补交了每个月3块钱的伙食费，并还清了借天津泰安栈王老板的借款。剩余的钱，添置一些过冬的衣物，买一点文具、书刊。一个星期天，楚图南从和平门逛到前门，最后只舍得花去一块多钱，买回一双棉鞋和一个枕头。以后的日子还长着哩，楚图南不得不尽量节约。

北京高师的学习气氛很浓厚。学生中常开展一些学术活动，并且形成了一套很好的做法。各部都有学会组织，比如国文学会、英文学会、博物学会、数理学会、地理学会等。各学会每周都有一两次活动，学生自愿参加。各学会还不定期地组织辩论会和演讲会，参加者都很踊跃。学校办有好多种在全国发行的有影响的杂志，这些杂志也吸收学生当编委，参加编辑工作，提高学生的能力。

学校还有一些全校性的刊物，如《教育丛刊》、《平民教育》、《教育新刊》、《工学》等等。学生为了投稿而鞭策自己提高写作能力，提高对某个问题的钻研深度。这样才能写出好文章，才有可能被刊物采用。

楚图南从进高师的第二年起，就开始写了一些习作。有的寄回云南发表在云南办的刊物上，如《教育声》第1期（1920年12月）就发表了他写的《云南职业教育商榷》一文，第3期（1921年5月）发表了他的《怎样养成成功的习惯》一文。

1922年5月1日，楚图南在北京高师办的刊物《工学》第2卷第1期《五·一纪念号》上发表了《兼爱主义的社会革命》。年底，他又在高师办的刊物《教育新刊》第一期上发表《今后教育者应当努力的方向》一文，在《教育新刊》第2号上发表了《湖南自修大学之使命》一文。1923年1至3月，他又接连在《教育新刊》第7、8、9期连载了一篇2万字的长文《劳动教育与未来文化》。

初到北京生活，对于楚图南这样一个19年来始终生活在云南的人来说，是很不习惯的。特别是冬天，那种逼人的阵阵风沙，那种就像要把耳朵都削掉的寒风，简直叫人受不了。如果经济宽裕一点的话，楚图南可以回到南方去度寒假，避过这恼人的风沙和严寒。但他没有这笔路费。他只能待在学校里，一个寒假都待在学校里。宿舍比图书馆更冷。寒假里的时光，楚图南大部分都是在图书馆里度过的。不仅第一年寒假如此，第二年、第三年、第四年的寒假也如此。

暑假就好些了。尽管仍然是没有路费回家，仍然得待在北京，但可以不必困在学校里，可以邀上几个同学住到郊外有树有泉水的山上去。一方面远足郊游，增进友谊，锻炼身体，另一方面，可以静心读书，思考问题，练习写作。第一年的暑假，楚图南和几个同学是在北京西山的大觉寺租间很便宜的房子度过的。以后几个暑假，又到过西山普照寺等处居住。

楚图南在高师期间，利用寒、暑假的时间，集中精力读了不少书，思考了不少问题，写出了不少文章，甚至包括一些长篇文章。他求学的这几年间，发表在云南家乡的刊物和北京高师办的《史地丛刊》、《教育新刊》等刊物的文章，就接近20篇。其中大部分都是利用寒、暑假写成的。

这些文章的内容涉及面很广，有民俗学、民族学、心理学、社会学、美学、教育学等，还有关于学习与社会实践结合、知识分子与劳工民众结合等问题的分析论述……

如长达3万字的一篇文章《云南土人状况》，就是前后利用了几个寒、暑假才完成的，尔后连载发表于《史地丛刊》第1卷第2期（1921年6月）、第1卷第3期（1922年2月）和第2卷第1期（1922年6月）上。

写于1921年秋和1922年6月的《美学新论》，虽然楚图南在开篇就谦虚地声明“我虽于美学没有研究”，但通观全文，读者却能感到，本文的作者其实对美学是自有一番朴素的独到见解的。发表于1922年12月《教育新刊》第1号的《今后教育者应当努力的方向》中，楚图南扼要地阐述了他对美国平民教育和俄国平民教育的看法。

1923年1月至5月间连续刊载于《教育新刊》第5、10、18、19、20期的《应用心理学述略》，长达2万多字，是楚图南在当时心理学著作寥寥无几、应用心理学方面的著作尤为贫乏的情况下，对应用心理学研究的心得。文章的若干提法和有关观点都是较为有价值的，可以视为我国应用心理学领域中较早的研究成果。比如——

关于应用心理学的定义，楚图南认为，“极简单并且极普通的定义”是“拿心理学之发现来解决人事上的问题，这就是应用心理学。”

关于应用心理学之重要，楚图南很通俗地表述为：“在学问方面，可以帮助我们对于我们研究的对象，有正确的了解。在生活方面，可以使我们的能力经济，行为实效。”

关于“心理学的什么东西可以供我们应用”这个问题，楚图南简明地归纳为三个方面：“即心理学的态度、心理学的内容、心理学的方法。”

至于应用心理学的分类，楚图南明确地指出，“应用心理学乃是纯粹心理学之应用”，“故应用心理学亦依其应用之目的之不同而分为若干类”。并且，“将来心理学应用的范围愈广则应用心理学之种类愈多”。就当前的情况而言，楚图南列出的类别有：“教育心理学、职业心理学、商业心理学、囚犯心理学、病理心理学、审美心理学、广告心理学、其他。”

在所有这些类别中，楚图南着重阐述了“教育心理学”，因为他认为：“心理学成为有系统，有组织的拿来应用，其兴起为最先，其范围为最大，其成效为最卓著的，就是现在我们所要叙述的教育心理学了。在教育的领域以内，差不多随时随地都离不了心理学。所以心理学之知识，成为教育者必须具备的工具。”他还认为：“教育的对象是人，所以教育者不能不了解人的精神活动的现象。心理学就是研究人的精神活动的科学。拿心理学中之有关于教育一部分者，来应用于教育，并作教学上的根据，遂成为教育心理学……故教育心理学的内容，概括下来，实不外人之原始禀质，学习心理，个性的差异三大部分。”

接下来，文章还较详尽地阐述了这三大部分内容，都是有作者自己的独立见解的。当时，文章作者还仅仅是20来岁的读高等师范学校的学生。他这种研究的志趣、方向、深度及水准，的确是难能可贵的。

投身革命

楚图南就读北京高师史地部期间，在李大钊、蔡和森的指引下，极大地开阔了眼界，选择了共产主义作为终身的信仰，走上了革命道路。

1923年底，楚图南毕业回到昆明，服务桑梓，到省立一中任教，培养了艾思奇等一批学习勤奋、思想进步的青年学生。1926年春，他遵照李大钊的指示，到东北的学校中开展革命工作，同年由青年团员转为共产党员。1929年，遵照组织安排，他到山东任教，在学生中传播进步思想。次年为躲避反动当局通缉，又辗转回到哈尔滨任教。1930年，楚图南被反动当局逮捕，在长达4年的铁窗生涯中，他坚持斗争，并翻译了德国哲学家尼采的名著《查拉斯图拉如是说》和《看哪，这人》。

引路人李大钊、蔡和森

楚图南就读北京高师期间，有了与李大钊接触的机会。

李大钊当时任北大经济学教授兼图书馆主任，已经发表了不少有影响的文章，介绍宣传马列主义和十月革命的道路。1920年3月，李大钊在北大团结一批热心研究马克思主义的青年，秘密组织了一个“马克思主义研究会”，积极开展活动。

当时马列主义在中国的传播还是刚刚开始，信仰和认真研究马列主义的人还不太多。1920年秋季，李大钊开了一门重要课程《唯物史观研究》，后来又先后在经济系开了《社会主义与社会运动》、在法律系开了《现代政治》、在史学系开了《史学思想史》与《史学要论》等课程，并且还到北京高师、女子高师、中国大学等校讲授《史学思想史》、《社会学》、《女权运动史》等课程。李大钊还常常利用课余时间辅导学生，为他们答题解惑，检查学生的笔记。或者应学生之请求，循循善诱地讲一些功课外的知识。他特别注意利用讲课和课余的时间传播马列主义思想。他讲授的课程对青年学生都产生了极大的影响。像在北京高师这类他仅是兼课的学校，尽管他的课时不多，但学生对他的讲授也相当推崇。

经过五四运动的洗礼，北京高师学生的思想提高了一大步，进步活动的开展也前进了一大步。楚图南当时参加了高师的一个学生团体“工学会”，这是一些生活上比较困难的学生创办的。“工学会”开始是同学之间课外学习互助性的组织，后来成立了贩卖部，利用课余时间和星期天经售书刊、杂志及文具什物。到年终时结账，每个参加的同学还可以从贩卖收入中分到少量的钱，以贴补杂用。“这样，我们也就有更多的机会看到更多的进步书刊和接触到更多的青年同伴。不久，一部分思想上比较进步的学生就进一步团结和组织了起来。后来我们的这个组织和李大钊同志也有了联系。”①

楚图南在日后撰写的纪念李大钊的文章中说：“像他这样一位冬一棉袍、夏一布衫、茹苦食淡、苦心孤诣的马克思主义先驱者，是我们一些年轻人景仰的先辈。李大钊同志关于‘俄国的革命，不过是使天下惊秋的一片桐叶’，‘布尔什维克主义的胜利，就是20世纪人类人人心中共同觉悟的新精神的胜利’等论述，和‘试看将来的环球，必是赤旗的世界’的科学预言，开阔了我们的眼界，使我们看到新社会的曙光。我就是在那个时候，选择了共产主义作为终身的信仰，走上了科学社会主义的革命道路。”②

楚图南参加的工学会，开始时的活动是销售进步书刊。后来逐步扩大到组织学校的工友和杂役学识字读

① 楚图南：《六十年前的往事》（《战地》1979年第3期增刊）。

② 楚图南：《怀念先烈李大钊》（1979年10月25日），《楚图南集》，云南教育出版社，1999。

书，还办起了夜校，向工人兄弟们宣讲出现贫富不均、穷人老是受苦受难的根源，宣传十月革命。同时，工学会还出版了一份启蒙性刊物《工学杂志》。这份杂志尽管还显得很幼稚，但当时确实发挥过一些作用。楚图南从参加工学会开始，便有机会读到一些进步书刊，读到李大钊、陈独秀、胡适等人的文章。

1920年以后，共产国际派代表到中国来，同时带来了一些马列主义的和介绍俄国十月革命的书刊。北京高师工学会也分到了一部分。他们很快组织了对这部分书刊的翻译和学习，进一步提高了对十月革命和马列主义思想的认识。从这时起，楚图南开始了更深一个层次的思索。

1921年，工学会在李大钊的指导下，办了一份8开的铅印小报，取名为《劳动文化》，决定由楚图南负责编辑。高师的教务长李培初是云南大理人，也是从日本东京高师留学归来的，是在京云南籍学生的故乡长辈。楚图南便去找他商量借一间小屋，作为编辑出版《劳动文化》的编辑室。李培初很快就同意了，《劳动文化》也就紧锣密鼓地筹备着出创刊号。后来，由于种种条件的限制，《劳动文化》一共只出了3期。尽管如此，在宣传马列主义思想方面，还是尽了薄力。

这一阶段，在李大钊的引导下，几所高校都在酝酿成立共产党和社会主义青年团的组织。北京高师也秘密成立了共产党和青年团S·Y组织。后来，《劳动文化》的这间小编辑室实际上成了S·Y的活动场所。1922年初，楚图南由数理部的进步学生骨干许兴凯介绍，参加了社会主义青年团。

1922年的下半年，蔡和森也到了北京，从事党的领导工作。他因到高师避难而有机会接触并指导高师S·Y的活动。此前他因在法国参与领导留法勤工俭学学生开展反对法国反动当局和北洋军阀政府的斗争，而被法国政府于1921年冬天以“宣传共产主义”的罪名强行遣送回国。

此时，蔡和森因所在的北方区党委机关紧急情况需要转移，他便暂时避住高师。楚图南他们把他安置在编辑小报的房间里，白天紧闭窗户，反锁上门，夜深时给他送当天的报纸及水和面包，把门打开让他出来活动活动。尽管处境艰难而不安定，但蔡和森仍然孜孜不倦地看书学习，研究分析报纸上的消息，以了解社会、政治的动态。蔡和森“关心我们的活动，对我们这些人的成长和进步给了热情的帮助……还几次派我到他原来的机关附近去打听消息。”①

楚图南初见蔡和森同志时的第一个印象是，“他身体很弱。显然，在法国被监禁的生活，回国的长途海上旅次，以及回国后紧张的工作，损害了他的健康。但是，一和他有了接触，特别是看到他从事党的工作时的那种忘我精神和令人钦佩的工作效率，很难使人置信，身体

① 楚图南：《忆蔡和森同志二三事》，《楚图南集》，云南教育出版社，1999。

瘦弱、有着一张清癯面庞的和森同志竟有如此充沛的精力。”①

“蔡和森同志参加了高师S·Y的活动后，就成了《劳动文化》的撰稿人之一。他根据在法国的革命经验，特别是他在法国领导‘工学世界社’的经验，提出了马克思主义要和工人运动相结合，要走俄国工人阶级的路的观点，提出了‘劳工运动’的口号。这在当时，对无政府主义思潮，对鼓吹‘保存国粹’的先生们，无疑是一种巨大的冲击；对我们这些初步接触马克思主义的青年，也是一种教育和帮助。蔡和森同志还用他留法勤学期间看到的法国工人阶级的革命斗争经验启发我们，极大地开阔了我们的眼界。”②——楚图南后来这样回忆道。

楚图南在与李大钊、蔡和森的接触交往中，耳濡目染，受到了很好的教育，亲身感受到了革命者崇高的品质和英勇牺牲的精神，并从他们身上所具有的马列主义修养、科学的世界观和广博的知识结构等方面受到不少启迪，得到了提高。楚图南一步一步地走向了革命，投身革命的决心越来越坚定了。

1922年的暑假，楚图南仍和往年一样，与一些同学相约，住到了北京西山普照寺。因为大家都是外地来的穷苦学生，都没有回老家度假的路费，只好一块儿在郊区住

① 楚图南：《忆蔡和森同志二三事》，《楚图南集》，云南教育出版社，1999。

② 楚图南：《忆蔡和森同志二三事》，《楚图南集》，云南教育出版社，1999。

些天，边看书写作边锻炼身体。楚图南在这个暑假里写了一首诗：

入 世

（1922 年夏）

大梦谁先觉，
平生我自知。
犯难以入世，
行矣复奚疑。

写这首诗时，楚图南已加入了社会主义青年团。诗虽幼稚，然亦表达了他投身革命的决心，也是他那时以后行动的誓词。

在写作这首诗的前后，楚图南还相继发表了几篇较为重要的文章。从这些文章中，可以看出他已有了初步的马克思主义觉悟和革命要求。

一篇是1922年5月1日发表在北京高师《工学》第2卷第1期《五一纪念号》上的《兼爱主义的社会主义》，另一篇是发表于北京高师1922年12月《教育新刊》第2号上的《湖南自修大学之使命》。

《兼爱主义的社会主义》一文中表达的对社会主义的认识，在今天看来，可以说是较为肤浅的和不够成熟的，但确实是青年楚图南最早的对革命的认识的表述。

《湖南自修大学之使命》是楚图南得知毛泽东、李达、何叔衡、李维汉等人创办自修大学之后，有感而发，表达了他对当时中国教育的看法和对自修大学的喜慰和希望。

当时，毛泽东任党的湘区委员会书记，他邀请李达到长沙担任湖南自修大学的校长，毛泽东任校董。这所自修学校可以说是一所传播马克思主义、培养革命干部的新型学校，短短时间内，培养了夏明翰、罗学瓒、毛泽民等一批优秀干部。

自修大学还办了一份理论刊物——《新时代》，由李达任主编。这在当时可以算是一份很有战斗性的理论刊物。它的发刊词中谈及刊物宗旨时，公开宣称：旨在干部研讨“国家如何改造，政治如何澄清，帝国主义如何打倒，武人政治如何推翻”，号召有此志向的人士一起来探讨这类社会问题并共同从事社会改造事业。

楚图南在《湖南自修大学之使命》中，扼要揭示了中外历史上教育的弊端及污点之后，欣慰地说：“好了，现在湖南自修大学创办起来了！学者可以任意学他所想学的东西，教者能教他所能教的功课。教育的精神纯粹建立在两者的人格的要求上。摆脱社会制度的束缚，脱离金钱的臭味。这是这个自修大学所特有的机会，也是自修大学所负着的尊严的使命！蔡孑民先生谓自修大学实兼书院与学校制度之长而活用之，我以为岂仅如此，这简直是人格教育的恢复！”

最后一段文字热情洋溢而又锋芒毕露：

> 以中国现状而言，命令不能出国门的中央政府，维持国立八校。尚不容易，更何能望他来振兴教育。此外资本家来办的学校那不过是延长社会的罪孽，军阀想利用教育，亦不过藉此出出风头，或造成他们的夹带中的人物。故中国的教育，惟一的希望，只有学者教者来自动的创办学校、组织学社。而这种组织的最经济最有效的办法，似湖南的自修大学为我们所仅见的。所以我们很盼望创办自修大学的诸先生，能透彻的了解为学问而求学问，为学问而教授学问；努力精进，为人格的要求，为人格的感化而结合；为将来中国自动教育之急先锋，为人格教育之好模范，一洗数千年来中外教育界之污点与耻辱！

这篇文章1922年12月在北京高师的《教育新刊》上发表后，时隔不久，湖南自修大学的理论刊物《新时代》于1923年4月的第1卷第1号，转载了此文。在李大钊、蔡和森指导下逐渐走向革命的楚图南，进步是显著的。

这期间，楚图南还有了第一次与国外人士接触交流的经历。那是他们的《劳动文化》已经出版了第3期之后的事。当时，日本共产党的两位同志，从莫斯科经过北京要回日本，由李大钊介绍他们来与楚图南、许兴凯座谈。李大钊还让楚图南和许兴凯将《劳动文化》的第1、2、3期送给他们。于是，楚图南和许兴凯便每期送给他们5份，让他们带回日本。

1923年春天，楚图南在北京高师的课业结束了。按学校的规定，每个毕业生在正式毕业前，都必须要参加一个学期的教学实习。楚图南被安排到安徽阜阳第三师范学校任教。从北京启程之前，李大钊同志嘱咐楚图南："到安徽后，可以在青年和学生中宣传俄国十月革命和社会主义，所到的地方越多越好。你的任务是广种薄收，以学校教师的公开职业为掩护进行宣传活动，不搞组织工作。"

楚图南到达阜阳后，遵照李大钊的嘱咐，边搞教学实践边抓紧对青年学生进行宣传活动，帮助他们了解俄国十月革命、社会主义、马列主义。他也严格执行了李大钊的指示，没有搞组织发展，没有暴露自己的青年团员身份。

在阜阳任教这一段时间中，楚图南边从事革命活动边进一步地提高自己。他思索的问题越来越多了，思路越来越广了，对问题的思考也越来越深刻了。这从他这半年中公开发表的文章中，可以看出他一步步前进的足迹——

连载于《教育新刊》1923年第7、8、9期的《劳动教育与未来文化》中，楚图南提出了一个重要论点：人类的文化，纯粹建立在劳动阶级—农工奴隶—的牺牲之上；就是这样的文化，劳动阶级却始终没得享受。

刊载于《教育新刊》，1923年第10期的《释劳动——祝劳动学校》一文，是楚图南为北京高师教育革新社创办劳动学校而作的。文章明确地表达了歌颂劳动、歌颂劳动阶级的进步观点。

发表于《教育新刊》1923年第11月的《单纯的教育改造社会论者可以觉醒了》一文的观点更是鲜明、大胆，充满阶级性和战斗精神——“单纯的教育改造社会论者，和平的社会革命论者，我敢告诉你们，此时可以觉醒了！趁这个机会，联合起来，作武力革命，推倒这个旧社会的死尸，建设未来的新中国！”

1923年6月底，楚图南顺利结束了在阜阳的教学实习，由安徽返同北京。至此，楚图南在北京高等师范学校的学业正式结束。

这一时刻，对于楚图南来说，既是结束，又是开端。大学生活结束了，北京高师的学习生活结束了！而走向社会的生活开始了，返回云南服务桑梓的新生活开始了！

离开北京前夕，楚图南去向他崇敬的守常师（笔者注：李大钊字守常）辞行。守常师对他一番勉励之后，给他布置的任务是：一要尽可能多地接触学生，多组织读书会，阅读进步书刊；二要适当地宣传马列主义和十月革命的胜利，为建立党团组织准备条件。①

无论在火车上还是汽车上，楚图南常常在思考这个问题，想着怎样完成好守常师布置的这两项任务。

在这即将离开高师，离开北京的时候，回首往事，4年来学习、生活、工作、战斗的场景一从脑海里掠过。此时此刻，楚图南格外留恋这一所有着优良学风、有着众多知识渊博的师长、有着优良革命传统的学校。就是在这所学校里，自己完成了学业，完善了品德，增长了才干；更重要的是，有幸受到李大钊、蔡和森的教诲，并在他们的指导下走上了革命道路，开始了人生的一大转折！

想到这些，楚图南心潮起伏……

再见了——北京！

再见了——北京高师！

服务桑梓执教省立一中

1923年秋天。北京正是秋高气爽、枫叶飘红的时候，楚图南离开了高师，离开了北京，乘上了经天津南下的火车。

按当时高师的规定，各省考来的官费生。毕业之后必须回到本省去服务。楚图南从内心里也极愿回到云南担任中学教师以服务桑梓。平常他头脑里经常都在考虑

① 楚图南：《六十年前的往事》、《怀念先烈李大钊》，《楚图南集》，云南教育出版社，1999。

这个问题："我来读书，虽说是官费，但这是云南父老乡亲的血汗呵。我能来北京读书，是全靠云南的父老乡亲供养着的。现在完成了学业，理所应当回云南担负起教育三迤子弟的责任，很好地服务桑梓，以报效云南的父老乡亲。"

几经辗转，年底前，楚图南回到了阔别4年的昆明，由云南省教育厅安排到省立一中任教。

与楚图南一样，由北京回到昆明被安排到省立一中任教的云南籍毕业生，还有从北京大学毕业的陈小航（后来的笔名叫罗稷南）。陈小航也是进步青年，后来参加第三国际的工作。他在第三国际的工作结束后，从事翻译工作，曾以翻译梅林的《马克思传》与高尔基的《和列宁相处的日子》而享誉翻译界。

楚图南此番回到昆明，一个最突出的感觉是，昆明的形势与他4年前离开时相比，已经大不一样了。在第一次国共合作和全国革命潮流的推动和影响下，昆明的学生运动也显得较为活跃。当时的省立一中、工业学校、师范学校、女子师范、成德中学、法政学校、东陆大学中，都有一些进步学生投入爱国运动，开展了一些活动，互相砥砺，团结同学，共同进步。他们反对旧传统，介绍新思潮，提倡新风气，传播新知识。北京、上海出版的新书刊在昆明都能看到，武成路上有一家"新亚书社"，专营新书刊，很受欢迎。书店随时都有很多人看书、买书。

省立一中在五四时期就是昆明学生运动的中坚，

校学生自治会还于1920年10月创办了一份刊物《滇潮》月刊。其创刊宗旨是，“挣脱枷锁”、“打碎偶像”、“解放思想”、“寻找新的出路”，“改造环境，吸收新鲜空气”；“要做吸收新文化的导管，发散学生自治精神的机关”。这是一份推动学生运动的主要刊物。一中学生闹过几次风潮，还利用假期排演话剧，在昆明学生中显得很活跃。影响很大的一次是反对念念不忘复古的保守派老校长，要把这位反对白话文、反对学生运动的“冬烘”校长赶走。可是省教育厅却要保护他。于是，一中的绝大部分学生都出动了，大闹了一次教育厅，强烈要求撤换校长。斗争终于胜利了，后来由较为开明的懂得一些西方唯心主义哲学和逻辑学道理的王用予任校长。

楚图南回到昆明时，一中校长已经是由北京高师毕业后又从美国留学归来的徐继祖担任。徐校长在北京求学时就受到五四运动影响，在国外留学期间又接受了西方民主思想，相当开明，倾向进步。与楚图南、陈小航同时或先后一点回到昆明进入省立一中教书的，还有毕业于北京的杨雄欧、刘纯武、张质斋，毕业于武昌高师的孙东明、赵汝舟等人，这使得一中教师阵容较为可观。这些青年教师都程度不同地受到五四运动的影响，对一中的学生运动和一些进步活动，或积极支持，或一般同情。

由于楚图南与陈小航的到来和他们开展的进步宣传活动，更提高了省立一中在云南的影响和在青年学生中的地位。不少中学生都以能进入省立一中就读为荣，他们都知道，省立一中有楚图南、陈小航这样学识渊博的进步教师，进步活动很多，读书风气也很好。

为了更广泛地接触青年学生，扩大对学生的进步影响，楚图南除了在省立一中任教外，还在私立成德中学和昆华女中这两所学校兼课，利用课堂和课余与学生的接触，宣传革命道理，结合国内的、云南的实际问题，结合中国革命的反帝、反封建任务，进行宣传，尽可能地争取为广大学生所接受。当时成德中学的校长是施兰仙，办学指导思想较为宽松、自由，不想把学生管得又呆又死。昆华女中的校长是杨家凤，她也很乐意聘请楚图南到女中兼课。

省立一中图书馆的职员中有一位进步青年叫李国柱，不但自己追求进步，还积极向学生推荐进步书刊，通过进步书刊影响学生，帮助学生进步。1924年下半年，李国柱在学校内发起组织了一个秘密进步团体——云南青年努力会，一方面宣传孙中山的“三大政策”和国民党的“一大”宣言，一方面学习和宣传马列主义，并规定把中共办的刊物《向导》与《中国青年》等作为会员必读刊物。后来，这个组织发展较快，在昆明的师范学校、甲种工业学校、甲种农校、法政学校、女师、女中、联中、成德中学等校都有成员。第二年3月，孙中山逝世，这个组织很快印发了“孙中山演讲录”进行宣传，并倡导组织省一中和成德中学的学生举行了孙中山先生逝世的追悼大会。这些活动，都得到了楚图南的热心支持。楚图南和陈小航都对李国柱的进步加以肯定、支持和鼓励。

1925年“五卅”运动后，全国学联和上海学联派了云南籍中共党员、当时上海学生联合会会长张永和回云南搞学生运动。他也进入了省立一中执教。张永和的革命热情很高，和楚图南、陈小航经常商量工作，讨论问题。有一次讨论苏联十月革命、建立工农政权的经验时，张永和主张动员和组织学生去攻打、占领云南省政府所在地五华山，动员学生去北校场、巫家坝的军队营房附近张贴标语，鼓动士兵倒戈，以支持在昆明建立工农政权。楚图南与陈小航则持与他不同的看法，认为当前根本不具备攻打五华山和让士兵倒戈的条件，不能冒险。最后，他们说服了张永和，没有再作这样的打算。

后来，张永和在一中发展了李国柱、陈祖武、吴澄、严英俊等职员和学生加入共青团，并经团中央批准在云南建立共青团特别支部，组织关系由团中央直接领导，支部书记由李国柱担任。

在楚图南和陈小航特别关注培养的进步学生中，有一个叫李生萱（后改名为艾思奇）的腾冲籍学生。李生萱的父亲李曰垓辛亥革命时就追随孙中山推翻清朝帝制，讨袁时担任护国军总司令部秘书长，后来带着家小出走香港。1925年，李生萱由香港回到昆明，考插班生进入省立一中。

李生萱不但学习努力，勤奋读书，钻研进步书籍，还热情参加学生自治会的活动，负责学艺部的事务，积极参加讲演比赛、话剧演出和为工人子弟办业余夜校等活动。

20世纪80年代初，楚图南在《学生战友同志——回忆艾思奇同志》一文中，写下了对这一段岁月的回忆：

> 1923年12月底，我从北京回到云南昆明。1924年至1925年，我和陈小航（即罗稷南）同志在云南省立一中教书。我照党组织的指示，和其他朋友一起在学生中组织读书会等团体，半公开地进行大革命和马列主义、十月革命的宣传，团结了一批学习勤奋、思想进步的青年学生，李生萱——艾思奇的原名——就是其中突出的一个。另外几位思想进步和李生萱极为熟识的青年有共产党员李国柱等其他几位同志，当时他们在学校工作。李国柱同志后来曾赴苏联留学，不久回国，在云南从事党的工作，1931年光荣地牺牲在云南地方军阀的屠刀之下。因为受到波及，生萱逃到上海，从事理论工作，并开始以“艾思奇”为笔名，写了一些介绍马克思主义哲学的文章，在《读书生活》等进步刊物上发表。他的名作《大众哲学》就是这个时期写成的。从此，艾思奇开始成为一个普及马克思主义哲学宣传家，而他的真名——李生萱，倒很少有人知道了。

辗转东北加入中国共产党

由于第一次国共合作和大革命形势的发展，北方的革命工作很需要得力的同志。1925年冬，楚图南接到北方党组织的通知，要他回北京接受任务。

党组织的通知就是命令，楚图南匆匆上路了。他赶到北京的时候，已是年底。一到北京城，他什么也顾不上，就先去找李大钊报到，汇报云南的情况。

半年前，随着革命形势发展的需要，李大钊先后辞去北大图书馆主任和北大、女师大等校的教授职务，集中精力于党的工作，领导着整个北方地区的革命斗争。

楚图南向李大钊汇报了云南的工作情况后，李大钊对他说，“满洲很需要人，你赶快去，找吴丽石接头。”接着，李大钊同志还向他介绍了东北的情况，并提出了在文化教育界开展宣传教育工作的具体要求。

早在中国共产党成立初期，中共中央就非常关心和重视东北革命形势的发展，重视开辟东北的工作，不断派党团员到东北从事发动群众和建立党团组织的工作。

1922年，天津南开中学毕业的马骏被派到东北从事地下工作。他是党派到吉林的第一个共产党员，是东北党组织的创始人之一。

吴丽石（吴苓生）是1924年初从莫斯科学习回国的留学生之一，派到哈尔滨工作。早在五四运动时期，吴丽石便是家乡江苏镇江中学的学生会领导人。

遵照李大钊同志的指示，1926年春楚图南到达哈尔滨，找到了吴丽石，并向他传达了李大钊的指示：在青年学生中广泛地宣传十月革命。多接近青年和学生，争取利用教员的公开身份多做工作。由楚图南在哈尔滨三中以中学教员的身份开始在青年学生及部分教职员中开展工作。①

楚图南到哈尔滨后，于1926年春天经李大钊批准，由杜继增介绍转为中共党员，在吴丽石的直接领导下开展工作。

从这时起，直到1930年10月因吉林特大学潮案被捕入狱前，楚图南先后在哈尔滨三中、六中、省立女中、吉林六中等中学及长春二师等校任过教，并经常在吉林毓文中学、吉林一中、五中等校讲演，和学生建立了广泛的联系，并指导学生的各种活动。

楚图南日后回忆说，“在李大钊同志的具体指导下，在大革命的形势推动下，由于吴丽石同志的具体组织领导，哈尔滨等地党的工作虽是秘密的，但仍蓬蓬勃勃地开展起来了。在文化教育界，党组织掌握的或党员在其中起主要作用的报纸有《哈尔滨日报》、《国际协报》的副刊，并出版了一份叫《灿星》的文艺刊物。党组织派人经办的滨江大戏院经常放映介绍苏联和十月革命的电影。党

① 楚图南：《我所知道的党在东北的早期活动》，《楚图南集》，云南教育出版社，1999。

在铁路工人等方面的工作也有进展。以吴丽石为主要负责人的哈尔滨特区党组织的工作显得很活跃，因此也就引起了东北反动军阀的注意。”①

“1926年底，由于《哈尔滨日报》上刊载了抨击日本帝国主义企图侵占东北，抗议反动军阀认贼作父的文章，《哈尔滨日报》被迫停刊，滨江大戏院也被封闭。一些同志被捕和被迫转移，工作遇到一定的困难。这时，吴丽石同志曾派我回北京向李大钊同志汇报情况。我到北京见到李大钊同志，由于繁重的工作，他清瘦多了，但两眼仍然炯炯有神如故，他仔细地听取了我的汇报后，让我赶快回东北，转告吴丽石同志，不要过于暴露，已封闭的报馆、戏院就不要恢复了。总之，李大钊同志告诉我们，聚集力量，准备迎接大革命的高潮！”②

楚图南先是在哈尔滨三中，然后又在哈尔滨六中担任国文教员。他以这份国文教员的职业为掩护，在三中、六中的学生中先后组织了“读书会”，帮助青年学生提高思想觉悟。楚图南不仅利用国文课的教学对学生作革命宣传和思想教育，还不定期地经常在“读书会”作演讲。他讲革命道理，讲十月革命，讲列宁，讲民族苦难，讲青年成长等；不断地、逐步地帮助青年学生接受革命道理，鼓励青年起来投身革命，像俄国人民投身十

① 楚图南：《怀念先烈李大钊》（1979年10月25日），《楚图南集》，云南教育出版社，1999。

② 楚图南：《怀念先烈李大钊》（1979年10月25日），《楚图南集》，云南教育出版社，1999。

月革命那样，为民族解放国家富强去努力斗争，去贡献青春；激发青年把自己的成长与民族的前途、国家的前途、人民的命运紧密结合起来，做一个对国家对人民有用的人。

由于楚图南艰苦细致的宣传教育工作，三中、六中的学生中涌现出一批进步青年和积极分子，这为日后建立党团组织打下了良好基础。不久，六中就在“读书会”的成员中选择发展了第一批青年团员，组建了团支部。团员们不仅在哈尔滨的青年学生中很活跃，而且还利用假期返乡时，在家乡青年中宣传革命道理，号召他们起来进行反帝反封建的斗争。如家住牡丹江的团员张戈、段中和等人，假期中先后在牡丹江的清泉浴池、私立小学等地，聚集了追求进步的20多位青年，向他们进行革命宣传，在他们当中点燃革命火种。“星星之火，可以燎原”，这些小小的革命火种很快地在牡丹江传播开来，不长时间，牡丹江的党团组织也逐步建立起来了。

楚图南组织的三中、六中“读书会”，在引导青年学生走上革命道路这方面，起到了很好的作用。有不少进步学生就是在“读书会”的引导下，渐渐走上革命道路的。后来，在哈尔滨发生的几次学生运动中，三中、六中的学生都站在前列，带动和影响了其他学校的学生。这两个学校的“读书会”在当时都成了颇有活跃的学生团体，甚至有些外校的学生都要求参加他们的活动。

1927年4月6日，军阀张作霖逮捕了李大钊。接着，

“四·一二”反革命政变在全国掀起了一片腥风血雨。4月28日，李大钊英勇就义。

对引导自己走上革命道路的李大钊同志的牺牲，楚图南自是悲愤万分，但同时也更坚定了继续斗争的决心和意志。

“八·七”会议之后，为了加强共产党在东北地区的工作，中共中央决定成立满洲省委，指派陈为人、吴丽石等同志负责筹建。10月，东北地区第一次党员代表会议选举产生了第一届中共满洲省临时委员会。接着，中共满洲省临委做出成立共青团满洲省委的决定，由张任光（又名张福堂）担任共青团省委书记，楚图南担任文化教育委员。共青团满洲省委的成立，有力地推动了东北地区青年运动的发展。领导广大进步青年和学生积极投身到反帝反封建的民主运动中。楚图南在其中做了很多教育工作和宣传工作，为东北早期的青年学生运动尽了自己的一份力量。

1927年夏天，楚图南转到长春开展工作。他的公开职业是吉林市第六中学国文史地教员，他仍然同在哈尔滨那样，积极组织学生开展读书会、学习会、文艺会等活动，在这些活动中加强与学生的联系，宣传革命真理，教育和影响学生走上革命道路。

1928年秋季起，楚图南被谢雨天校长聘到长春二师担任国文教员兼三年级级主任。到了长春二师，他一如既往地与二师的学生打成一片，关心他们，组织开展多种形式的文体活动。他为同学们写了一个名叫《中山公园》的剧本，一个独幕歌剧《地狱的母亲》，演出之后反应很好。在课堂上，楚图南给大家讲解鲁迅的《过客》、《秋夜》等文章，以深刻的分析、精辟的议论，给同学们以革命的启蒙，培养同学们努力思考社会问题的兴趣和能力。一次，他还饱含激情地为同学们朗诵了著名诗人柯仲平的长诗《风火山》。诗中“一个朋友下监牢，千个朋友杀火冒！一个朋友枪决了，万个朋友滴血誓战刀”之类悲壮、慷慨的诗句深深打动了青年同学们的心。

二师的校友会成立后，同学们一致推举自己爱戴的楚图南老师为校友会作会歌。楚图南满怀激情地为校友会创作了洋溢着豪迈战斗精神的会歌。

楚图南在与青年学生的广泛接触中，有意识地培养进步青年，向他们宣传马列主义和革命道理，帮助一批学生走上了革命道路。其中的孙铿（肃先）后来参加了东北抗日联军，在与日本侵略军的武装斗争中壮烈牺牲；郑健（郑康）毕业后到伊通中学任教，把革命火种带到了伊通，在学生中传播革命思想，新中国成立后他曾担任吉林省计划委员会主任；于克在新中国成立后曾先后担任吉林省副省长、省长。其他还有不少学生走出学校后，都在不同时期走上了革命道路。

南下齐鲁开展进步活动

1929年，反动军阀对革命活动的镇压更加残酷了。东北的党组织经受了严峻的考验，遭到许多挫折，受到了较大的破坏。吴丽石于1929年秋天离开东北，调到山东，任中共山东省委书记。接着，由于山东方面工作的需要，吴丽石托人捎信给楚图南，要他也去山东工作。于是，楚图南到了山东设在泰安的省立第三中学任教。

省立三中离泰山山麓只有两三里地，吃过晚饭后，师生们都喜欢出去散步，楚图南有时会叫上几个同学，边走边谈，了解他们的生活、学习、思想，有针对性地帮助他们，或做思想上的启迪，或作学业上的答疑，或作阅读上的解惑。他对同学们很关心，谈话循循善诱，同学们都很喜欢同他交谈、散步。

秋季，由于工作的需要，通过党组织与省教育厅督学张郁光的关系，楚图南又被介绍到曲阜山东省立第二师范担任文史教员。

楚图南进入二师后，也按上级的安排，如以往一样，不过问组织发展工作，仍着重于对学生的思想教育和宣传工作。他仍以教文史课为掩护，在学生中传播进步思想。在二师的课堂上，他可以公开地讲马列主义，讲唯物史观，讲十月革命的意义和影响。课堂下，他以指导学生继续钻研的名义，组织了读书会、学习会、演讲会、讨论会等，并按学生思想进步程度的不同，有针对性地吸收学生分别参加这些团体的活动。楚图南以这些团体为阵地，集结了一批进步学生。他还自己从上海买来满满两柳条箱的进步书籍，指导同学阅读，帮助他们学习马列主义。在这些团体活动中，楚图南还不定期地与同学一道分析中国形势和世界形势。他们还在学校里教唱《国际歌》和《少年先锋队队歌》，还在《秋声》校刊上，刊登矛头指向反动统治阶级的文章和文艺作品。

由于楚图南的精心组织和耐心引导，这些团体的活动开展得颇有生气又有实效。李霱吾、林传沂、管毓筠等一批进步学生，在楚图南的直接影响下，很快地成长起来。毕业后，他们都加入了共产党，先后走上了革命道路，新中国成立后都担任了重要领导职务。林传沂新中国成立后曾历任中共延安地委书记、陕西省副省长、陕西省人大常委会副主任，管毓筠新中国成立后曾历任山东省总工会副主席、山东省计委副主任，李霱吾新中国成立后曾任中苏友协理事、副秘书长等等。

楚图南在二师的种种进步活动，引起了国民反动派的注意。正当他们打算抓捕楚图南时，风声传到张郁光校长处。他当机立断，帮助楚图南离开了曲阜。楚图南离开曲阜后，平时与他关系密切的20名进步学生在学校里也待不下去了，只得相继离开了二中。林传沂、李霱吾就是其中的两名。他们都先后投身革命。楚图南离开曲阜二师时，还把他当时从上海买回的那满满两大柳条箱的进步书籍都留给了学校。楚图南离开曲阜二师不久，党组织就又派了任白戈同志到二师任教，接替楚图南的工作。任白戈到二师后，作为学校教职员中党组织的负责人，与陆剑平、程照轩共同领导了二师的革命斗争，对学生的影响很大。任白戈在新中国成立后历任中共重庆市委宣传部长、四川省委书记兼重庆市委第一书记、四川省政协主席。

楚图南离开曲阜后，到了济南省立第一中学继续任教，这时是1930年的春季开学之时。

当时的省立一中在济南的贡院墙根街北头路西，是济南一所有近30年历史的学校，设有文科、理科、商科等三科。在学科的设置上，学校除很注重充实学生的基本知识，规定了必修课程外，还为适应学生志趣和社会需要，规定了一些选修课程。

1930年，校长更迭，陈梓屏接替彭百川出任校长后，更加注重延聘人才，先后聘请了不少社会知名人士和作家如胡也频、丁玲、李何林、董每戡、卞之琳等人到学校任教。楚图南也就是这一年从曲阜二师到省立高中的。

当时，胡也频已在这里从教了。他和另外几位同志一道组织了全校性的文学社团“文学研究会”和“齿轮文学社”，出墙报、出副刊，开讨论会，介绍无产阶级革命文学，宣传马列主义，指导学生阅读进步书籍，接受革命思想。参加文学社团的学生人数达到几百人，大家的革命热情都很高。这些文学社团的活动开展得热火朝天，得到社会的好评。楚图南到校后，也热心地参加了指导文学社团活动的工作，宣传左翼作家作品，鼓舞学生的革命热情。

5月7日，全校师生在校内举行了“五七”国耻纪念日。胡也频首先发表演说。他在演说中指出：“纪念五七，要打倒日本帝国主义，就得革命。要革命，就要拿起普罗文学这个武器，普罗文学是长枪大刀，是飞机大炮，而不是象牙之塔里的装饰品，也不是太太小姐的娱乐品。”①

接着，楚图南也发表了讲话，他慷慨激昂地说：“中国只有两条路，一条是死路，那就是向帝国主义投降，甘心做奴隶牛马；一条是活路，是光明的路，那就是把工农兵动员起来，实行苏联式的社会主义革命！②”

胡也频、楚图南的激动人心的讲话，在学生中引起了强烈的反响，也激起了反动势力的敌视和仇恨。省教育厅长何思源知道后，把楚图南在泰安、曲阜的进步活动联系起来，明白了楚图南究竟是什么人。接着，国民党当局下令逮捕胡也频、楚图南等人。迫不得已，胡也频和学生会负责人冯仙舟离校出走青岛再转赴上海，楚图南则又辗转赴东北继续从事革命活动。

在广袤的齐鲁大地上，楚图南工作了仅仅一年多，

---

①《济南一中校史（1903——1988年）》（1988年9月）。
②《济南一中校史（1903——1988年）》（1988年9月）。

由于反动当局的迫害，就又不得不离开了。他不得不离开相处很好的同仁与可爱的追求进步的学生和豪爽质朴的山东民众，又重新踏上了北上松辽的征途。

当楚图南乘着火车经过山海关时，正遇上路断。置身于此，几年来关内关外辗转奋斗的桩桩往事涌上心头。他感情起伏，思潮澎湃，充满激情地“放歌”一曲，写下了《铁的龙》这首长诗，表达了自己“征人之心热火正熊熊”的战斗豪情。

身陷铁窗翻译尼采作品

1930年夏天，为躲避反动当局通缉而离开济南的楚图南，辗转回到了哈尔滨，进入东省特区女子第一中学任教。

秋季开学，楚图南又一如既往地认真教书，热情地宣传革命，帮助学生走上进步道路。楚图南对工作、对教学、对青年都满腔热情，自己又爱读书，肯钻研，勤思索，思维敏锐，观点鲜明。这些优点都给同仁和学生留下了深刻印象。同仁和学生都愿意接近他。可是，没有想到，这一个学期尚未结束，楚图南便因震惊东北的“吉林五中共产党案”被反动当局逮捕了，从此开始了长达4年的铁窗生涯。

楚图南被捕后，从哈尔滨武装押送到吉林，由吉林临时军法会审处审判。判刑前，学生黄受天遭受到残酷的毒打，也未承认参与“共党活动”。楚图南和谢雨天等人在关押期间也勇敢坚持斗争，拒不承认与共产党有任何联系，让敌人始终抓不到什么“共党活动”的证据。楚图南以坚强的党性，严格保守了党的秘密，他的“供状”是这样写的：

为写供状事，窃（南）服务教育，七八年于兹。随时随地，俱以贯穿金石之血诚，含着热血热泪的至爱，扶导青年，修持自己。故其表现于思想行动方面则为忠挚的研究学术，寻求真理的态度，热烈的迫切的对于艺术之爱好。此可检视南之信函及已刊未刊出之诗歌文稿而知者也。虽有时含意丛生误会叠出然实与任何团体、任何组织、任何党派，了无关系。南虽不敏，敢与生命作保证。天寒风紧，冰雪盟心，临池神凄，供状是实。

楚图南

十一月十日夜一时灯下书

由于楚图南和其他7位师生在关押期间机智勇敢地斗争，加之外界谢雨天的朋友们和社会关系大造声援舆论，连天津《大公报》都有同情和声援的舆论，迫使反动当局不敢轻易将楚图南、谢雨天等人判为死刑。最后，在找不到“共党活动”的确凿证据的情况下，吉林临时军法会审处只得按“危害民国紧急治罪法”，定性为“宣传与三民主义不相容的主义及不利于国民革命之主张”，以此罪名将谢雨天、楚图南等8人分别判为12年以下的各种有期徒刑关进吉林省第一监狱。楚图南被判处9年零11个月有期徒刑，这是二等有期徒刑（10年以下）的“满贯”。

从此，楚图南的狱中生活开始了。可是，时年31岁的楚图南并没有悲观失望，没有失去生活和斗争的勇气。他做好了坐10年牢的思想准备。在狱中，他坚持学习，不倦探索。每天，他都给同室的青年学生讲课。没有教材，他就全凭自己的记忆讲历史，讲文学。他讲先秦诸子、司马迁与《史记》、历代的兴衰更替、农民起义的此起彼伏……听讲的青年学生俨然又如在上一堂堂历史课、文学课。

楚图南在讲司马迁的时候，特别有感情，也讲得很投入。一方面是他们目前身陷囹圄的处境与司马迁当年极为相似，另一方面，楚图南多少年来对司马迁深深怀着一种极欣赏和极钦佩的感情。从在北京高师读书时开始，当他通过课堂上和课堂下的学习和钻研，对司马迁及《史记》有了深入了解之后，他就十分欣赏司马迁，佩服司马迁。尤为佩服司马迁那种忠实于自己的信念、坚守道义、坚守事业的精神，不畏邪恶、不畏强权的勇气，不惧厄运、不惧冤屈的抗争。毕业后踏入教育界走上社会之后，他还结合司马迁的经历和自己由衷的体会，总结了四句话：“读万卷书，走万里路，交好朋友，做大事情。”他常常以此自勉，也常常以此教育和勉励学生。[①]

而今，在这反动军阀的监狱中，楚图南更能以司马迁为榜样，身体力行，学习司马迁的精神，效仿司马迁“退而论书策以舒其愤”了。他通过托人转请外面的朋友送进一些英文书刊，自己用心阅读，读完之后，还推荐给难友们看，并利用这些英文书刊辅导同室青年学生学习英文。

然后，楚图南又请外面的朋友设法送进英文词典来。他要翻译作品，要借翻译这些作品“以舒其愤”，借这些作品寄托自己那种“遥深伟大的情思，袭击着凶残暴戾的权威的黑影，暗示并鼓荡着一切自由解放的热情和活力”。

翻译写字用的纸不够，楚图南就把抽烟的难友们抽的一种“黄狮子”牌的劣质烟的纸盒拆开，压平整之后简单地订成小本子，用来写字。楚图南在狱中翻译的两部作品和写的一些文章，几乎都是用这种烟盒纸写的。

翻译开始了，楚图南仅仅用了半年时间，就译完了约20万字的德国哲学家尼采的格言体名著《查拉斯图拉如是说》一书。他在《译者题记》中沉重地说道：“我是扪着铁的严肃，在死的战栗，也是在死的大宁静中，译下了这东西。”[②]

---

① 楚泽涵、楚泽湘、楚泽洋：《历经人间无量劫，依然默默自耕耘——对父亲楚图南的回忆》。

② 楚图南：《查拉斯图拉如是说·再版前言》（1986年10月15日），湖南人民出版社，1987。

然后，楚图南又接着翻译了尼采的自传体的《看哪，这人》一书，并于1932年9月写下了《看哪，这人》的“译序”。

从《查拉斯图拉如是说》“译者题记”和《看哪，这人》“译序”中，人们不难看出，楚图南之所以在狱中还如此勤奋不倦地翻译、介绍尼采，主要的就是因为尼采的那种反对现实、向往未来、有理想、有热情的精神，引起了置身于铁窗之中而又极力想改变当时黑暗现实的他的一些联想与共鸣。

狱中的日子，单调又寂冷。楚图南想方设法坚持锻炼身体，坚持给青年难友讲课，坚持翻译著述。1932年，楚图南还写完了小说集《没有仇恨和虚伪的国度》，共收入《歌声》、《提琴》、《钟馗和他的妹妹》、《没有仇恨和虚伪的国度》、《生命的奇迹》等7篇短篇小说。它们都是以反对黑暗统治、鞭挞丑恶、向往光明、歌颂美好为主题的。这个小说集后来得到在北平的友人杨晦的鼎力相助，于1932年10月由北平人文书店印行出版，署名“高寒”。

冬去春来，时光一天一天地过去，楚图南生命的日历在不知不觉中一页一页地翻过去。狱中仍然是一种铁的严肃，一种死的宁静，而外面的世界却不宁静，外界的社会却在动荡变化……

1934年3月，溥仪由伪满洲国傀儡政权“执政”改称“满洲帝国皇帝”。所谓皇帝“登基”，便实行大赦，于是，同年6月，楚图南和难友们侥幸得以遇赦出狱。楚图南提前结束了原判为9年零11个月的监禁生涯。掐指算来，他实际上过了3年零8个月的囚犯生活。

这将近4年的铁窗岁月中，楚图南不但完成了很多翻译著述，而且对社会对革命的思考更深入了，对生活对人生的认识也更丰富了。更重要的是，他的意志得到了很好的锻炼。在如此艰难的逆境中，一种对未来的乐观、积极的态度，一种不悔的信念和顽强进取的精神，支持着他度过了本没有希望的囚徒生涯。他终于踏出了这监狱的大门。

日后，楚图南多次对他的儿女们语重心长地讲过这样一句发自肺腑的话："在困难的环境中，最能看出一个人的品质。"

楚图南从1925年冬到哈尔滨工作算起，至1934年夏被特赦离开吉林，在东北工作、生活了前后9年（其间有一年半到山东工作）。这9年，正值楚图南从26岁到35岁的生命力最旺盛的时期。这9年中，楚图南的足迹到过东北三省的很多地方，他与东北人民建立了难忘的友谊，他对东北大地培养了深厚的感情。后来，抗战前期在云南昆明，楚图南写的《全国物力人力彻底集中和准确的应用始可挽救当前危局》一文中，扼要提及了让他刻骨铭心的东北9年的斗争生活。后来，直至八九十岁高龄时，他仍念念不忘东北这一段艰苦的斗争生活，在1986年以《怀忆并致颂东北》为题，赋诗一首：

白山黑水并松辽，
北丽乾坤民富饶。
永忆强邻割踞痛，
难忘英烈斗争潮。

荡涤残邪创新局，
奋起宏图树锦标。
喜看工农齐跃进，
腾欢处处红旗飘。

特赦之后

为防不测，楚图南跨出吉林省第一监狱的第二天，就离开东北，启程南下，赴河南开封，经友人介绍进到开封北仓女中任教。

“如同行脚僧一样的到了开封了。但心情并不如僧人一样的空无而平静，正相反，还怀着多少世俗和仇恨，和火山岛一样的吧。所以到了这里以后，每天总是觅一个静宁而空旷的地方，要埋葬了自己的不祥的心情，或者说要平息了自己的胸中的火焰……”楚图南的散文集《开封随笔》的开篇这一段话，颇能真实反映出楚图南囹圄脱身之后初获自由时的心境。

的确，没有失去过自由的人是无法准确体会楚图南此时的思想感情的。尽管脱离了那几乎令人窒息的铁窗牢房，但心情却怎么平静得下来?怎么好得起来?压抑了近4年的爱恋和仇恨，随时鼓荡在胸中，在胸中燃烧得叫人难受，随时都可能像火山喷发一样也喷射出来。可是，那样的黑暗社会，又逼迫着他不能喷伸，以免招来更大的杀身之祸。然而，身为共产党员的有理想有热情的一个热血之身，又怎能为避祸全身，就从此趴下、埋名隐姓、苟全性命、停止斗争呢?

于是，楚图南一次一次地在下课以后，迎着夕阳，走到了这有名的开封铁塔前，在这里度过了他的“多少寂寞，孤独，而沉默的时光”。有时，他坐在这里的茶棚临时添设的躺椅上，仰望着塔的全身。周围，是一大片荒地和广场。慢慢地，他觉得，“这座孤独的塔，巍巍地立着，倔强而庄严，如同挺然昂然的撑天的铁柱！”慢慢地，他发现，“塔巅上似生长了许多杂草和蒺藜，但却没有些许颓废和苍老的样子。”

不时地，他也离开茶座沿着塔的四周徘徊；不时地，他又回到茶座坐下来，听着这里的人们唱他们喜欢的河南坠子——这种农民的歌声和乐曲，听着他们用坠子唱出的民间的和历史传说中的一出出悲欢的故事。

楚图南默默地看着，默默地听着，庄严的铁塔，也和他默默地听着。铁塔“并不动心，因为更伟大、更悠久、更深刻的人间和历史的悲欢，已经使它的心锻炼的坚实，而同钢铁一样，它不再为着坠子所唱的故事而流泪而欢乐的了，它将默默地支持下去，更庄严地期待着雷霆风暴，水火兵燹，以及一切陵谷变迁的来临。”①

楚图南呢，则在用他的心读着这默默的塔所对他述说的“倔强而庄严而美丽的生命的真言”……

终于，楚图南读懂了！“我就在这之中，忘记了我的悲喜，平息了我胸中的火焰，并重新学习和锻炼了自己的生命！”②

北仓女中是一所私立学校，相对单纯一些，不像国民党直接控制下的公立学校那样总有一种复杂的政治气氛。马戢武校长可算是河南较开明的一位教育界前辈。教务主任仝松亭却是一位崇奉宋明理学的老先生。私立学校教员的薪水比公立学校要低一些，待遇也差一点。楚图南和几个教员聚居在离学校不太远的龙虎街北头路西的第一家小独院里。

但是，北仓女中的学生却纯朴、真挚、清健，其中的一些优秀同学则更显得聪敏、懂事、富于进取。学校的校风是朴实而活泼的。师生之间的关系是比较单纯而正常的，学生很尊敬老师，老师也很爱护学生，师生间是很融洽很和睦的。这所学校早自1926年起就有共产党员在任教，学校是有优良进步传统的。年纪稍大一点的高年级同学中大多有程度不同的追求光明与进步的倾向，并对低年级同学有形无形地产生着一种有益的影响。

---

① 楚图南：《开封随笔·铁塔》。
② 楚图南：《开封随笔·铁塔》。

女中的学生除了课堂学习努力用功之外，课外活动也开展得有声有色，文体活动都搞得很不错，还有读书会、新文学学习小组、歌咏队、壁报组等学生组织。

北仓女中的师生之间很融洽，女中的学生纯挚可爱。学生尊敬老师，老师爱护学生，这是北仓女中的很好的风气。楚图南对学生也格外关心爱护。他在北仓女中的时光很短促，仅仅在了一个学期，但从他对学生的了解，就可以看出他对学生的关心程度了。

楚图南在实际与学生的接触中，与其他几位进步教师一道，支持并组织进步学生参加抗日救亡活动。在楚图南等几位进步老师的启迪下，曾克、曾兰、赵家英、赵新华等进步学生办起了一份命名为“五只手”的壁报，刊头画上是分别举着镰头、斧头、刀、剑、笔这五种武器的五只手。这份壁报在校内公开吹响了抗日救亡的号角，极大地鼓舞了广大同学。

当时，楚图南、柯仲平、杨春洲、丁素秋、罗绳武（后来又来了冯素陶）等进步教师聚居的这个小独院，被称作“藏龙卧虎”之地，说这里“储存着火花，护卫着火花，又在播送着火花”。[①]这里吸引着和启迪着一批批朝气蓬勃的进步青年。

楚图南在与进步师生的相处中，心情越来越开朗、愉快。不知不觉中，冬天来临了。开封的冬天也是很美的，白雪皑皑、银装素裹。楚图南还饶有兴致地与同仁去

① 段鹏起、王振权：《赤子之心。战士步伐——楚图南生平简介》。

到郊外观赏雪景。他还兴奋地驾着马车，让同伴替他摄影留念。

就在这学期刚结束，寒假将要来临的时候，做共产国际工作的陈小航同志到达了开封，告诉楚图南去上海接受新任务。要与北仓女中这些进步的可爱的同学们分别，楚图南心中是很不好受的。为了使同学们以后能得到更好的帮助，楚图南与罗绳武商量了许久，决定请冯素陶来校任教，继续对同学们帮助，他才感到心里对同学们的歉疚少了一些。

冯素陶也是云南人，广州中山大学肄业。1926年在广州加入了共产党，并于第二年冬天参加了广州起义。起义失败后，由于组织遭破坏而失去了组织关系。1928年在上海参加党领导的中国社会科学家联盟。1933年经上海的地下党组织安排，参加了反帝大同盟，担任秘书长，是一位很有才华很有思想的年轻人。

北仓女中的同学们，在杨春洲、楚图南、柯仲平、罗绳武、冯素陶、丁素秋等进步教师的帮助和引导下，茁壮地成长起来，进步很快。到1937秋天，其中的曾克、曾兰、赵新华等先进分子就和开封地下党取得了直接联系，加入了共产党，建立了北仓党支部。并且，由于这一批进步骨干的带动和影响，在抗战开始前后一段时间里，北仓的同学参加革命工作的就达到了一百多人，其中还有不少人光荣地加入了中国共产党。真是星星之火，可以燎原。

几十年后，当年北仓女中学生这些曾被楚图南、冯素陶称为“纯朴清健的孩子们”，都在党的领导下，成长为新中国成立后教育、文化、科技、军事、政治等各条战线的骨干，在不同的岗位上为人民的革命事业做出应有的贡献。

离开了开封北仓女中，楚图南于1935年春天到达上海。改名楚曾，进入暨南大学史地系任教。他积极从事进步的文化教育活动，多交朋友，争取多做些工作。

这段时间，楚图南在从事进步活动和教书的同时，还挤时间写作和进行翻译工作。他几乎把每天的日程都安排得满满的。很忙，很充实。

他首先写完的，是一组关于开封生活的散文，共6篇，名曰《开封随笔》。这组散文后来收入《悲剧及其他》一书，1940年出版时，更名为《铁塔之什》。这一组散文记述了楚图南在开封执教半年中的心情，表达了对社会、历史、生命、自然的一些思考。从中可以看出作者鲜明的爱憎感情，以及渴望改变社会的要求和呐喊。

这一组散文完成之后，楚图南结合地理教学的需要，根据自三年多来的一些研究心得，完成了两篇有分量的有新意的论文：《人文地理学的发达及其流派》和《中国历史地理学的发现》，并完成了一篇译文《近代地理测绘术及地图学之发达》。这几篇文章分别发表在《地学季刊》第2卷第1期、第3期和第2期上。

1935年2月，中华地学会举行第三次年会。此时已在暨南大学担任讲师的楚图南在本次年会改选中与葛绥成、李长傅、盛叙功等8人一道当选为学会委员。学会还聘请了丁文江、王云五、何炳松、竺可桢、金兆梓、翁文灏、陆费伯鸿、舒新城及蔡元培等为名誉会员。

1936年春，楚图南得到组织的通知，准备赴苏联莫斯科学习。当时与他接谈的人是同共产国际有联系的陆海舫。被通知赴莫斯科学习的还有楚图南介绍的他所器重的两位学生盛炎、刘子罕。

盛炎和刘子罕在楚图南之前先期赴苏。可是，后来楚图南却没有能够赴苏。原因是南京发生了一起叫作“怪西人”的案件，陆海舫由于与这个案件有牵涉而被捕了，楚图南便失去了联系人。当时那种政治环境中，党组织的很多活动都是单线联系的，一旦联系人出了意外，联系也就中断了。

这段时间，楚图南边教学边开展进步的文化活动，同时还挤出不少时间从事文学翻译，把国外进步诗人、进步作家的作品译介给国内读者，帮助国内读者开阔视野，启迪思想，提高觉悟。

1936年这一年中，楚图南翻译了俄国“民众忧患之诗人”涅克拉索夫的万行长诗《在俄罗斯谁能快乐而自由》、美国平民诗人惠特曼的诗《大路之歌》和《草叶集》中的部分诗歌。1937年，楚图南又翻译了由德铿生（R. E. Dickinson）和霍威尔士（O. J. R. Howarth）合著的《地理学发达史》一书（1940年由中华书局出版）。以及

《苏俄的诗歌》、《德米尔诗抄》。在这些翻译的作品完成后，楚图南还认真地写下了译者题记或附记。

从楚图南翻译的这些作品来看，除了《地理学发达史》这部著作是涉及楚图南自己所从事的地理专业的教学、研究需要之外，其余的几乎都是能够寄托楚图南自己那种热爱贫苦人民、热爱平凡人、同情劳苦大众、歌颂光明、憎恨黑暗、诅咒反动统治的感情的。这一点，从他所写的这些译序、题记、附记中能够看得很清楚。在当时那种黑暗的社会条件下，楚图南有意识地选择这些作品来翻译、介绍给中国读者，也是作为他向反动统治者进行斗争的方式之一，目的就是为了向中国民众发出一种民主、进步的呐喊，唤醒中国民众的民族精神。

1937年1月，楚图南在上海与彭端淑结婚。彭端淑婚后改名为彭淑端。这次婚姻是楚图南的第二次婚姻。自1930年底被捕入狱后，楚图南就与妻子杨静芬失掉了联系。坐了4年监狱出来之后，仍无法与妻子取得联系，只好当为离异了。

彭淑端是湖南长沙人，出身于书香门第，早年即投身革命，1926年加入共产党，1927年12月12日，因支持广州起义、从事工人运动在武汉被捕。她在被捕前，有一次曾营救过当时从事地下工作的许多同志。

在狱中彭淑端表现坚强，任凭敌人怎样威胁利诱，也不暴露党的事业的秘密。她1929年从监狱出来后，便到日本学习护理。未满一年便回国了。归来后参与到办平民职业女子学校的事业中，兢兢业业地做了不少工作。

后来她在上海与从河南开封转到暨南大学任教的楚图南相识后，两人志同道合，都有一番革命经历，都有坐过敌人监狱的共同体验，都有共同的革命追求。经过一段时间的接触相处，两人可谓心心相印，于是终成眷属。从此，彭淑端成了楚图南的好伴侣、贤内助。两人相依相伴，相濡以沫，感情甚笃，互相搀扶着走在人生的漫漫历程上。

抗战岁月

抗日战争爆发后，楚图南回到昆明，担任云南大学教授、文史系主任，并一度代理文法学院院长。在抗战八年艰难、清贫的生活中，他以云南大学教授的公开身份，广交朋友，不知疲倦地参加各种社会活动及文协活动，积极推动昆明的抗日救亡活动和文化教育活动。抗战后期，他为推动民主爱国运动的不断深入而脚踏实地地工作，卓有成效地开展民盟的进步活动，成为云南省民盟的一位重要领导人，是云南文化教育界抗日救亡活动和昆明民主运动的重要组织者、领导者之一。

重返云南

抗战的烽烟在中华大地弥漫。

继“七·七”卢沟桥事变爆发后，11月11日，日本侵略军侵占了上海。上海民众也陷入了水深火热之中，很多人都在往其他地方转移，或者避到乡下，或者转赴尚未沦陷的地区，或者远行大西南——当时的抗战后方。

楚图南置身于战乱的上海，正在为转移何处而举棋难定之时，收到了两三个月前已由上海回到昆明的老朋友、原暨南大学附中教导主任杨春洲从昆明打来的长途电话，邀他到昆明的云南大学附中任教。于是，楚图南马上下了决心：回云南去！草草收拾一下，楚图南便同妻子上路了。此行又是千里迢迢，走水路经香港到越南海防，转乘汽车到河内，然后搭上到昆明的小火车，几经磨难，1937年岁末，他们辗转回到了昆明。

从此，楚图南开始了他一生中的又一个重要时期。抗日战争打了八年，他也从始至终在昆明度过了这八年。整整抗战八年，他都没有离开过昆明，没有离开云南大学。他始终以云南大学教授的公开身份，积极投身于昆明的抗日救亡活动，积极开展进步的文化教育活动，积极地开展民主同盟的进步活动，成为云南省民盟的重要领导人和云南文化教育界抗日救亡活动以及昆明民主运动的重要组织者、领导者之一。

云南大学是当时云南省唯一的一所大学，它的前身是1922年由当时主持滇政的省长唐继尧倡导创办的东陆大学。从创办开始到1937年时，云南大学历经了私立东陆大学、省立东陆大学、省立云南大学等几个阶段，校长也几经更迭，先是董泽，继而是华秀升，接着是何瑶。1937年8月1日起，接任云南大学校长的是云南弥勒籍的数学家、前清华大学算学系系主任熊庆来。

鉴于熊庆来的诚朴敦厚和报效桑梓的热情，担任东南大学、清华大学算学系系主任兼理学院院长时的才干和业绩，数学研究方面的造诣和在国内外数学界的地位和影响，培养了大批优秀人才的贡献，一心想把云南大学办好的云南省政府主席龙云非常诚恳地一再洽商，聘请熊庆来回滇担任云南大学校长。

尽管云南当时条件极为艰苦，云南大学的条件比起清华大学来也差之甚远，但是，“熊庆来觉得对云南、对云南的青年有着一种义不容辞的责任！一种来自传统的道德感督促他要担起这个责任，一种强烈的深厚的对乡土的爱推动他要担起这个责任，一种教育救国、科学救国的思想激励他要担起这个责任。”①

于是。熊庆来毅然放弃了清华大学的优越的条件和舒适的生活，于1937年7月返回昆明，担起了云南大学校长这副重担。

熊庆来在一个当时薄弱的基础之上，开始了他的革

① 张维：《熊庆来传》，云南教育出版社，1992。

新和推进。为把云大“办成小清华”，他明确提出了改进的5条办法：1、慎选师资，提高学校地位；2、严格考试，提高学生素质；3、整饬校纪；4、充实设备；5、培养研究风气。

在办好大学的同时，熊庆来还很重视中学教育，努力办好云南大学附中。他有一个重要观点：“要办好大学，必须办好中学！中学里没有打好基础，到大学里再补救，就太迟了。”这个话，他不止一次地对同仁和好友讲过。

熊庆来这个重要观点的形成，与他留学法国8年的体会很有关系。第一次世界大战后，美国数学会曾派出一个考察团到法国了解考察法国的数学为何如此发达。通过在巴黎和各省的一番详尽调查之后，考察团得出的结论之一是：法国数学的发展，得力于它的中等数学教育。

中学，特别是中学的后期，是人的求知欲最旺盛、精力最充沛的一个时期。抓住这个时期，让学生有大量吸收新知识的机会和迅速扩大思维能力的机会和条件，对学生日后成才是很重要的。所以，法国对中学教育就抓得很紧，抓得很认真。

熊庆来从法国的这一做法中深受启发，因此很注重抓云大附中的建设。

此时，杨春洲刚从上海暨南大学附中回到家乡云南，熊庆来便欣然将云大附中交给杨春洲负责接办，聘请他担任云大附中主任。

杨春洲是云南石屏人，生于1902年，毕业于国立北平师范大学，后留学日本，读东京帝国大学的研究生。归国后在北平第一中学教过书，后来又到上海担任国立暨南大学附中的教导主任。

杨春洲1929年至1933年间在北平第一中学教书时，就与当时在清华大学的熊庆来相识。熊庆来很了解杨春洲的才干和教学管理经验，尤其了解他热望报效桑梓的感情。

现在，熊庆来1937年7月中旬由北京回到昆明，杨春洲在一个月后也由上海回到了昆明，熊庆来马上请杨春洲接办云大附中，并放手让他全权负责。对此重托，杨春洲很感动。

师资问题，是历来就爱惜人才的熊庆来尤为关切的。在附中的师资聘用上，只要杨春洲考虑聘用的，他都表示支持，最后由杨春洲定夺。就连他认为合适的人选，他都不作决定，只是推荐给杨春洲。熊庆来如此信任杨春洲，对附中师资问题不加干预，使得杨春洲感慨地说道。“熊校长有蔡元培的风度。”由于熊庆来的信任和开明，杨春洲可以放心地按自己的设想与选择标准来聘用师资。他很快便用长途电话联系还在上海的有学识有品格有才华的几位朋友——楚图南、杨一波、冯素陶，请他们尽快回到昆明到云大附中执教，齐心协力办好云大附中。

冯素陶于1937年9月底最先回到昆明，担任附中的文史专任教员。他曾在楚图南之后去到河南开封的北仓女中任教近三年，直到1937年夏天才离开北仓到上海浦东中学担任文史专任教员。

冯素陶之后进入云大附中的是杨一波。杨一波是云南路南人，国立北京大学毕业，曾到莫斯科中山大学学习，回国后先后在江苏徐州中学及上海国立暨南大学附中担任教员。他离开上海于1938年1月到云大附中担任教导主任。杨一波热情、积极、能干，善思索。在云大附中工作了一段时间后，经过一番认真地思考，他为附中提出了用这样一句话表述的“附中精神”——“附中精神是积极的，奋发的，民主的，自觉的，社会的，现实的。”他的这种提法得到了杨春洲主任和其他教师的一致赞同。于是，就把这个提法确定下来，并在校内制成醒目的标语，不断地对学生进行教育，反复强调，多次阐述。在平时的教育环节中，在对学生的要求上，在营造学校的氛围上，在对学生的培养上，都以此为尺度。久而久之，“附中精神”不仅在附中校内为全体师生所熟知，所推崇，就连校外的不少青年学子也受到“附中精神”的感染，“附中精神”在昆明社会上产生了良好的影响。

楚图南晚杨一波一个月，于1938年2月到云大附中任文史兼任教员，同时在大学授课。楚图南有学问，有思想，阅历深，视野广。他很关心学生，深得学生爱戴。时间不长，楚图南很快就受到熊庆来的器重。一个学期刚结束，熊庆来就把楚图南调到大学去担任文法学院的教授（之后又兼任文史系系主任）。“你办法多，另想办法再找人吧！”熊庆来笑着对杨春洲说。[1]楚图南任文法学院教授后，还同时兼着附中高三年级一个班的国文课。附中的很多活动他都参加，附中的学生仍然把他当作自己学校的老师一样看待，附中的老师仍然把他当作自己的同仁。

楚图南、杨一波、冯素陶这几位思想进步、学问功底扎实、关心学生的老师，成了附中的骨干力量。他们把办好附中当作共同的事业、当作民族的事业来办，和附中的其他同仁一道，共同努力，把附中办得有声有色，培养了一大批有为的进步青年，为云南各阶层人士所赞许，为广大青年所仰慕。

除了这几位骨干力量外，附中还注意聘用了一批因抗战爆发而进入昆明的滇籍和外省籍的人才。他们分别在省外不同的大中学校服务多年，对学术的研究也各有程度不同的成绩，因而能够在进入附中任教短短几个月的功夫，便形成一种合力，促进附中的学习氛围和学术空气日益浓厚。

处于抗战初期的附中这些教师都抱着同一个信念：“目前是在战时，物资设备无论如何简陋，国家的教育绝对不应中断，换言之，无论在任何低劣的物质环境中，教育须仍能继续推进。”[2]大家都意识到自己的使命：“一方须在艰苦的环境中推进国家的教育；一方又须努力打破现状，使国家的教育更易发展……附中除负有一般中学所

① 张维：《熊庆来传》，云南教育出版社，1992。

② 杨春洲：《云大附中的过去，现在，和将来》（《云大附中校刊》1938年4月20日。）

应负的使命外，她还有她自身的一种特殊使命。那就是她是大学的附属学校，是大学实验新的教育原理的园地；是大学教育系学生实习各科目的所在；同时也是提高大学入学程度的一个准备学校。"①

在附中工作、生活的这段既平常却又很不平常的日子，给楚图南的心中留下了岁月难以磨去的痕迹和令人值得怀念的记忆。半个世纪之后，已是93岁高龄的楚图南，还用他那古朴凝重的书法，录了如下旧句书赠云大附中同学："读好书交好友行远路做大事"。

推动地方救亡文化

抗战爆发后，战区的很多大学、研究机关、文化机关纷纷搬迁到云南这大后方。整体搬迁来滇的大学，除清华、北大、南开三校先迁长沙而再迁昆明组成的西南联合大学外，还有中法、同济、中山、浙江、华中等校。另外，零零星星地还有不少学者、文化人陆续进入云南。一时间，作为抗战大后方的这块云南大地，成了全国的教授、专家、学者、文化人的汇集之地。

于是，云南本地的文化人和来自全国各地的文化人都尽自己的能力，发挥自己的长处，努力开展抗日救亡活动和进步文化运动，以唤醒民众，振奋民族精神，去争取

① 杨春洲：《云大附中的过去，现在，和将来》（《云大附中校刊》1938年4月20日。）

抗战的胜利。楚图南当时与党组织失掉了联系，但他却以一个共产党员的觉悟和责任感，自觉地满怀热情地积极投身于这些进步活动中，并日益发挥出重要作用。

一开始，对于什么是“救亡文化”、文化人的任务、怎样推动地方救亡文化等问题，楚图南的认识就是很清楚的，态度也是很明确的。

当时，有一些人有一种糊涂认识，他们以为救亡文化“是已经被当前历史的实践所否认定了，目前只有抗战，没有文化”。针对这种糊涂认识，楚图南在《南风》547期上发表了《怎样推动地方救亡文化》，指出：“所谓文化，历来的界说不同，有人以为文化乃是一个民族的精神和物质的创作的总和；说得通俗些，如梁漱溟之所说文化仍是一个民族生活的‘样法’；由此我们知道：所谓‘救亡文化’也便是一个民族在临到了生死存亡危机，为抢救危亡，为保持生存所不能不有的一种生活的样法——临危处变，应付非常，所不能不有的一种生活的样法。”而我们“中国在短短的几十年中，更走上了殖民地化的过程，这种过程，到了九·一八、一二·八、七·七事变、八·一三抗战，算到了绝境，不是生，就得死，再不容我们犹豫，不容我们观望了。所以我们毫不疑虑的，毅然决然，高举起了民族解放的抗战的大旗。但这次的战争是艰巨而壮烈的。我们不但在军事上不能不有充分的准备，更应当配合着军事，因应于现实，在文化上不能不有新的准备和新的动向，而这种新的动向，新的准备，便是我们现在所谓的救亡文化——是继续前人，继续着多少致力或献身于民族解放运动的先辈，学者，英勇的战士，而努力推动着的救亡文化。”

至于现在的文化人的任务呢，由于中国民众的文化水准很低，又有百分之八十以上的文盲，少数的文化工作者和教育工作者便算是“民族的知识的最前进的前卫”了。楚图南一针见血地指出：“这是我们的幸，也是我们的不幸。因为国难到了这样最严重的地步，临到了空前的危亡的瞬间，我们，一些平凡的庸碌的人，都被迫而不能不担负了比较我们先辈还要伟大，还要严重，还要痛苦的责任。我们究竟能不能担负呢?不能担负也得担负，且必须担负。这是无人可推诿，也无所可推辞的。但有人却轻视了自己的力量，可怜地也是老实的询着我们能做什么呢，意思是说文人还不过是文人而已，却不想到张、黄、王、顾、康梁，以及孙中山诸人，未尝不是文人呢?有的却又容易地把这种责任推卸在政府和当局身上，以为自己无权力无地位，于是旁观，冷淡，视国家民族的危亡，战士们流血的苦斗，好像是异国的事情，是别人的事情似的。这不是无知识，就是无良心，这两者的态度无疑的都犯了最危险的错误。”

接下来，楚图南态度鲜明地说：“在目前，我们特别要指出每个知识分子都是救亡工作的单位，都是救亡文化的推动者和发动者，他不应该轻视了自己的力量，更不应该放弃了自己的责任。力量是在勤劳而勇敢的学习和历炼中锻冶出来的。目前的民众动员，文化动员，还感到迟滞，应用不灵，甚至于讹误百出，弊窦丛生，这也就是对于民众动员文化动员有着杠杆作用的知识分子还没有完全动员起来的缘故。救亡文化的工作还做得不够，所以广大的民众，政治的认识，抗战的情绪，以及抗战建国过程中所必不能不有的各种的技能和活动也感觉不够，——十分不够！这是多么可怕的艰巨的责任。我们不挺出身子来担负这些责任，谁还来担负呢?”

楚图南不但是这样说的，也是踏踏实实地这样做的。他除了在云大附中开展培养青年学生的多种进步活动外，还在云南当时的文化界、教育界广泛地加强联系，支持筹办抗日刊物，积极为报刊写稿，宣传抗日文化，热心支持进步的歌咏、木刻、漫画、话剧、花灯、彝剧等文化活动，并和冯素陶等同志一道，组织了中华全国文艺界抗敌协会云南分会，开展了很多卓有成效的工作。

昆明分会经常性地、不定期地召开座谈会，座谈讨论战时文艺问题和文化问题。遇到有从海外归来途经昆明到重庆，或从上海经昆明赴重庆的文化界的知名人士茅盾、巴金、陶行知、王礼锡等抵达昆明时，文协昆明分会都郑重地邀请他们或演讲，或座谈。冯素陶、楚图南都以东道主的名义主持演讲会或座谈会。

1938年，是人民音乐家聂耳逝世三周年。9月，文协昆明分会与《战时知识》社、民众歌咏团共同发起，组织了昆明200多位文化界人士到西山参加聂耳的骨灰安葬纪念活动，并在西山华亭寺举行了“聂耳逝世三周年纪念大会”。会后，全体与会人士与聂耳的亲属一道，将聂耳安葬在西山上。冯素陶、楚图南、徐嘉瑞、杨一波、郑一斋、林志英等人与聂耳亲属肃穆地围在墓碑旁合影纪念。墓碑上镌刻着10个隶书大字：“划时代音乐作曲家聂耳”。

这次纪念大会前，楚图南饱含激情写下《聂耳何以是伟大的》一文，发表在7月17日的《云南日报》副刊《南风》上，向大众阐明聂耳的伟大，弘扬聂耳精神。

在抗日战争初期，楚图南对木刻，对漫画，对音乐，就有着这样明确的富于时代特征的鲜明见解和认识，是难能可贵的。他在表达这些见解的文章中，都一再强调，要为抗战服务，要为新时代服务！

文协分会成立不久，就积极筹办出自己的会刊，楚图南与冯素陶等人都为筹办会刊作了很多努力。在文协分会成立三个月后的8月初，会刊《文化岗位》的创刊号发行了。楚图南在这份创刊号上发表了《在抗战建国过程中的中国文艺》一文，接下来，在《文化岗位》第2期上发表了《抗战文学的现实主义与云南文艺》，在第3、4期合刊上发表了《忠实于自己》。

这些文章都有一个明确的主题，那就是强调抗战中的中国新文艺的现实性和战斗性，强调云南文艺要溶入抗战中的中国文艺中去。

文协分会除了不定期地举行座谈会讨论战时文艺、

讨论云南文艺等问题外，还在逢鲁迅先生忌日时，举行纪念大会和座谈会，举办图片展览会，宣传鲁迅精神，弘扬鲁迅精神。1939年10月15日，楚图南特地在《新动向》月刊第3期上，发表了《鲁迅在学术上的新精神》一文，较为集中地阐明了自己对鲁迅的认识和极高评价。

文协昆明分会也很注意对文艺青年的培训工作。1939年7月下旬，主办了“暑期文艺讲习班”。大部分讲题都是由文协昆明分会的理事承担的。楚图南主讲了《现代文艺思潮》，冯素陶主讲了《文艺基本理论》，彭慧、施蛰存主讲了《写作方法》，徐炳昶主讲了《抗战文艺工作》，顾颉刚主讲了《通俗文化运动》，徐嘉瑞主讲了《民间文艺》，杨东明主讲了《文艺批评》，张天虚主讲了《文艺通讯》，穆木天主讲了《诗歌》，曹禺主讲了《戏剧》，马子华主讲了《小说》，朱自清主讲了《作品选读》。

1939年和1940年两年间，文协昆明分会还组织开展了很多比较活跃的活动，“成立了由罗铁鹰、雷石榆负责的诗歌组，马子华负责的小说组，经常举行座谈会、讨论会和朗诵会。分会成员到各学校或在所任教的学校推动文艺活动，如朱自清、张天虚、雷石榆在晋宁金山寺昆华师范学校，刘北汜在云南大学附属中学，常任侠、魏荒弩在东方语言专科学校，罗铁鹰、杨东明在昆明市立女子中学，进行演讲、座谈，指导文艺活动，培养了不少文艺青年。分会还举办画展，为前线战士募集寒衣。”①

在分会开展的这很多活动中，都凝聚着楚图南的心血。从抗战爆发至皖南事变发生的这段时期，楚图南就是这样很踏实地很忙碌地在为抗日救亡作着自己的艰辛地努力。正如当时与楚图南在分会和民盟共过事的、很了解当时昆明救亡运动情况的唐登岷后来回忆的：“那时昆明文化界的抗日救亡运动相当活跃，因有中国共产党地下组织的领导，也与楚图南、冯素陶等同志的努力和影响相联系着。”②

共赴国难

风雨如晦。日本军国主义对中国的这场侵略战争，给中国民众带来的灾难是极其深重的。就在昆明大后方，楚图南这样的大学教授也和自己的四万万同胞一道，过着艰难的、清贫的生活。

初回到昆明时，楚图南夫妇住在小东门，楚图南的父亲与他们同住。妻子在武汉的两个妹妹因武汉沦陷也疏散到了昆明，和楚图南夫妇住到一起。家庭的经济状况是很拮据的。当时的昆明，也同国统区其他地方一样，百业不兴，物价飞涨，民不聊生。知识分子也都为温饱问题所迫，艰辛地劳累着，但仍摆脱不了衣食难保的境地。很多

①《云南省志·文学志·现代文学》（征求意见稿），蓝华增编写。

②唐登岷：《高风劲节，典范长存——缅怀楚图南同志》，《云大风云》，云南大学老战友联谊会编，云南大学出版社，1995。

教师都在校外兼课，或兼差。楚图南也一样，由于收入微薄，入不敷出，他不得不同时在昆明师范学校兼课。从云大附中转到云大文史系后，他也不得不同时还在附中和昆师兼课。尽管如此，日子仍然过得相当清苦，多余的供换洗的长衫都没有两件。

尽管经济如此拮据，但他对一些贫苦的青年学生仍尽力地帮助，自己宁肯节衣缩食。有时，他还尽其所能地帮助一些失业青年寻找职业以渡难关。当云大熊庆来校长因学校经费太紧，提出“云南籍的教职员薪金打七折”的动议时，楚图南和很多教职员都从大局出发，予以支持。大家都是热爱国家，热爱桑梓的。值此国难当头之际，为了国家的教育事业，大家心甘情愿地克服自己的困难，为国分忧。

当云南大学自己主动地把云南籍教职员的薪金打了七折之后不久，国民党行政院实行对国政府机关工作人员和学校教职员工一律减薪的决定，除保留50元基本生活费外，其余薪金按战前标准的七折发放。这样一来，楚图南的薪金与其他云南籍教职员一样，打了两次7折。大家同甘共苦，粗茶淡饭，一道勉力承担侵华战争给中华民族带来的苦难，共渡难关。

从1938年9月28日日本飞机第一次轰炸昆明之后，这块土地再也不能平静了。昆明上空经常响起刺耳的空袭警报声。这种吓人的尖叫声搞得一个昆明城人心惶惶，鸡犬不安，躲警报成了家常便饭。云大、西南联大的很多教授都不得不疏散到郊外居住。云大熊庆来校长的家眷疏散到西郊海源寺的龙王庙里居住，吴文藻、冰心夫妇、费孝通疏散到40多里之外的呈贡县，华罗庚、闻一多、闻家驷疏散到北郊农村大普吉……楚图南也带着家人疏散到了西郊农村碧鸡关。待到有课的时候，这些疏散到郊区的教授们又得走很远的路赶进城里上课，路实在太远的就搭上一段农民赶的小马车。遇到下雨天，泥泞路滑，赶到学校已形如落汤。遇到大冷天，冷风嗖嗖，饥寒交迫，心中自有一分酸苦。

碧鸡关在昆明西郊碧鸡山的山腰上。离昆明城将近30里地。这个村名叫碧鸡新村，其实就只有一条小街，住房完全建盖在岩石上。原来这个村的老村在两山的夹缝之中，名叫鸡街，被大火烧了一场，现在只剩下些残破的房子和茅棚。村民们经过商议，每家出一人开辟这块山地，又砍树伐木，加上借贷建起了这个初有规模的新村落。但不少人家住不起，为要还账，不得不把新屋或租或典，自己仍住到老村的破屋或茅棚中。

楚图南租住的这两间屋，在新村这条街的尽头，紧靠山隘，地势是这条街最高的。打开前门，就是一条石头路的大道，直通到滇西。再往远看，能看到烟波浩渺的滇池和滇池东岸稍远一点的隐隐约约的昆明城。打开后门，那是连绵的大山。爬到紧靠碧鸡关后面山上的那座废碉堡处，就可以看到去安宁的大道蜿蜒曲折地消失在视线尽头。站在碧鸡关，可以看见抗战后才修起来的滇缅公路，还看得见一个米轨的小火车站。

在连绵的雨季，山洪咆哮，雷电交织，夜雨倾泻不停。这时，楚图南会觉得好像要将住房也冲走了一样。他“谛听着窗外的万山的风雨，不知它们是愤怒还是咆哮。但直到深夜以后，雨似乎渐渐地小了，屋外的天，还是如同墨一样漆黑。这时的雨，越下越小了，如同流泪呜咽的人一样的在窗外默默地低诉。”[①]楚图南说，“我已听惯了这低诉的声音。这声音，比它的咆哮和愤怒，还告诉了我更多的，这地方和地方的人们的生活故事。每一滴的雨点，就好像每一滴的泪写的字，一点一画地投到了我的心上，也是刻画在我的心上。”[②]

楚图南疏散到碧鸡关时，两个妻妹已经离开了昆明；他父亲也疏散到了安宁，未与他们同住，只是逢年过节时或有事时才到碧鸡关来。住在碧鸡关的，就是他们夫妇俩，带着一岁多的儿子泽涵。楚图南每次到云南大学或师范学校上课。都要步行二十几里路，还要下大坡，上大坡。上课回来，走了二十几里路后，还要爬坡才能回到家。进家时，他已是疲惫不堪。有时不上课的时候，楚图南在午后带着孩子到山坡僻静的处所休息一会儿，看到葱绿的青草和错落开放的山杜鹃花，欢笑的、跳跃的、呼叫的就是孩子了。于是，做父亲的也似乎真的看见了春天仍然活着的消息。于是，也有心绪采摘一些青草和杜鹃花回

① 楚图南：《记碧鸡关》，《楚图南集》，云南教育出版社，1999。
② 楚图南：《记碧鸡关》，《楚图南集》，云南教育出版社，1999。

家去，把它们供在窗台下用陶土烧成的小花钵里。

随着日军对东南亚侵略的扩展，他们的铁蹄又将践踏缅甸。这时，站在碧鸡关，就常常能看到中国的抗日军队不断地爬着碧鸡关的山道，通过安宁再往滇西开去，要到边境、到缅甸与日本兵决战。

1941年的中秋节，楚图南的父亲由安宁来到了碧鸡关和儿子家一起过节。动乱当中，全家人还能聚在一起过个团圆节，已属不易了。站在碧鸡关，远望出去，能望到深秋时分的清澄朗静的滇池。抬头仰望，那高旷而冷肃的清空，挂着一盘又大又明澈的圆月。此情此景，楚图南的父亲自有一分文人的感叹。

这个中秋节过去了，楚图南家的多事之秋也开始了。

刚过了中秋节4天，那是阳历的10月9日，楚图南晚间陪父亲闲谈，谈得很晚，差不多到了夜深才上床入睡。可时间不长，楚图南妻子就感到肚子剧痛。妻子已怀孕9月了，前些日子看着行动极为不便的妻子，楚图南又不能随时在家照拂，便请了一个女佣照顾。此时，楚图南急忙和女佣一道，搀扶着妻子到附近的车家壁医院去。父亲留在家中照看幼孙泽涵。

到了医院，妻子的情况暂趋稳定，也无法准确算定何日生产。楚图南又惦念老父在家中照拂不下孩子，便赶回家中，留下女佣在医院陪伴妻子。

第二天清早，女佣却兴冲冲地赶回来报信了，说生了，生了个男孩，母子都平安。楚图南与老父亲自然都很高兴。这男孩圆脸红红的，黑大的眼睛，也许是畏光，眼睛刚睁开又闭下去了。老父亲看着这可爱的孙儿，那满是白胡须的嘴角，常会微微地笑将起来。他很喜欢这新生儿，老夸赞这孙儿的生相如何如何。说也很凑巧，这孩子的生肖与母亲的恰是一样（属蛇）；而且母亲的生日是农历五月五日，这孩子的生日是阳历10月10日。于是，老父亲为这小孙孙取了个乳名，叫“小双”。

孩子一天一天长大，一天比一天可爱。小脸又圆又红，就像苹果一样，小手小腿又肥又白，好像新生藕节那样鲜嫩。看着这可爱的小生命，老父亲那满是银白胡须的嘴常常合不拢来，老父亲高兴啊！

可是，这么可爱的小生命，竟然一个多月后，便夭折了。

原来，这碧鸡关多疫病，多火灾。这里的山势，虽不算高峻，但因为是南边大华山、东北边进耳山这两山的隘口，而且是屏立在滇池的西北，所以冬春之季，西北风就特别大，连志书上都记载着这最为有名的“高峤风”（这一带的地名叫高峤）。滇池的渔民借这风势使船倒很好，可是在这高山上这风却成为威胁人们的大祸害了。

接着，让楚图南更疚心、更伤痛的事又发生了。

小双夭折后几个月，也就是1942年的2月1日，楚图南的老父也在安宁病逝，终年64岁。可爱的小孙儿小双的死刺痛了老人的心，抗战期间的奔波动荡，摇动了老人生命的根基，国事和战局的不顺，更时时让老人郁闷在心。这位愤世嫉俗、性情高岸孤介的老人终于支撑不住生活和精神的种种重压，走了。

就在这1941年与1942年的冬春之交，仅短短的几个月间，楚图南就先后埋葬了幼子，安葬了老父。楚图南心中那种悲苦和伤痛，难以言传。再看看周围的村民们，他们的辛苦、悲惨和麻木，更不时使得楚图南一阵阵地揪心。

置身于这个地方，尽管每天早上起来，天空是蔚蓝的，白云是美丽的，可是，这里的破屋和黄土，这里村民们的那种没有了微笑、没有了春天的生命，却使得楚图南总是沉默着，总是觉得这山隘里吹来的春风，也都是那样的寒峭，那样的枯燥，如同冬日一般。

就这样，楚图南在碧鸡关度过了两年多一点的极少有生趣和生机的时光。后来，由于国际反法西斯力量日趋壮大，日寇忙于应付太平洋战场，对昆明的轰炸也基本停止了；加之从这里进昆明城里上课电实在太远，太不方便，楚图南便携妻小于1942年岁末迁回了城中，住进他兼课的昆明师范学校教师宿舍。

在这国难当头的动荡岁月里，很多知识分子都有着与楚图南同样辛酸的遭遇和磨难。云南大学、西南联大的教授们都饱经忧患，几经沧桑。

楚图南没有被磨难压倒，他在认真地教好书、妥善地处理好系务的同时，尽力地推动抗日救亡文化运动的发展，关心帮助青年的进步，并且笔耕不辍，关心时事，钻研学术，勤奋地写作，以笔为武器，为民族解放而踏踏实实地努力着。

这段时期，几乎昆明所有的报刊上都不时可以读到楚图南以“高寒”笔名发表的文章。随便浏览一下，三十年代末到四十年代初期的云南报刊，我们便可读到“高寒”署名的这一系列文章：《由和平的人道主义到反法西斯的罗曼·罗兰》、《略论全面战争》、《怎样推动地方救亡文化》、《云南文化的新阶段与对人的尊重和学术的宽容》、《在抗战建国中的中国文艺》、《抗战文学的现实主义与云南文艺》，《文艺工作者应有的修养》、《抗战文艺的战斗性和地方性》、《抗战以来的文艺及民族形式问题》、《悲剧精神与悲观主义》、《说真理的冒险》、《艺术与艺术家》、《诗人与现实》、《忠实于自己》、《一年来文化工作的检讨》、《诗歌的人性和人民性》、《谈旧诗》、《说新诗》、《耻辱的诗人和耻辱的诗歌》、《关于托尔斯泰》、《俄国民众忧患之诗人：涅克拉索夫》、《悼念屈原》、《〈记〉与司马迁》、《陆放翁的诗歌》、《从顾亭林先生学习》、《鲁迅在学术上的精神》、《聂耳何以是伟大的》、《记杨保堃》、《诗人教育家柏希文先生》、《胡翔冬先生及其诗歌》、《由致悼张元虚君所想起的》、《难忘的友情——纪念郑一斋先生》……

发表这些文章的报刊，计有《南风》、《新动向》、《战时知识》、《文化岗位》、《南方》、《昆明周报》、《诗与散文》、《文学评论》、《云南日报》、《龙门周刊》等等，并且其中一些刊物是从“创刊号”起就有“高寒”的文章。

在这抗战前期、中期，楚图南还出版了译著：《在俄罗斯谁能快乐而自由》（两册，1939年商务印书馆出版），《地理学发达史》（1940年由中华书局出版）。并出版了著作：杂文集《悲剧及其他》（1940年由昆明“诗与散文社”出版），杂文集《刁斗集》（1943年由昆明“天野社”出版）。

楚图南对青年的关心爱护、支持帮助也是很多的，他在各所学校直接教过的学生就不用说了，就是对校外不认识的青年，只要是愿意进步的，来请到他帮忙的，他都不推辞；只要是做对社会有利、对民族有利、对抗战有利的事情，楚图南都热心支持，竭力关心。

1942年深秋，楚图南把他自抗战初期回到云南后写作的杂文作了选择编辑，打算作为一个集子出版。给集子取个什么书名?楚图南稍加思索，在稿子上笔力遒劲地落下三个大字：“刁斗集”——这其实是他时时萦绕脑际的深思熟虑后的饱含深意的名字。

“刁斗”，乃古时军队中所用的容器，用铜铸成，有柄，能容一斗。军人白天用它烧饭，夜晚则击以巡更。杜甫曾有诗《夏夜叹》，诗中云：“竟夕击刁斗，喧声连万方。”

楚图南1942年10月15日在碧鸡关选辑完文章后，为

《刁斗集》写下了“刁斗题记”——

选辑回滇以后所作杂文，命之日“刁斗”，这与其说是要抗拒了前方的敌人，无宁说是要警惕了后方的黑夜。

> 是的，浓重的黑夜！我愿意听着刁斗的冷肃的声音，知道我是生长在血腥斗争着的时代，而包围着我的却是无边的无声的黑夜！
>
> 但是也一样听到了征人的悲笳，和战士的步履声，和仿佛大地震动一样的热烈的气息。这是告诉我们天明就要来到，所以，我们，即使是一个没有武装的岗兵，在黑夜中，在黑夜中的后方，也一样的得清醒着，准备着，也是戒惧着长久历史的社会的潜伏在后方的敌人：一切鸱枭和土拨鼠的理论，伥鬼和幽灵的学说，以及夜鸹子和骷髅的蛊惑的思想和真言。
>
> 所以，我愿意看着黑夜的天，听着刁斗的声音，四周是这样的凄寂，但我知道大地并没有熟睡，中国也在重重艰苦的斗争中活着。

读着这篇《刁斗题记》，我们不是分明听到了一个处于血腥斗争的艰难处境中，随时保持清醒头脑和高度警惕的战士，那种慷慨悲壮的出征誓言吗?这篇题记的确是楚图南此时心情的写照。

这一时期，云南的进步书刊出版事业处境也日趋艰难，为了改变被桎梏的状况，创办了《诗与散文》刊物的进步青年杨绍廷及同仁，冲破了种种阻力，组建了"天野社"，开展进步书刊的出版发行工作。楚图南除了给以他们具体指导之外，还毅然将《刁斗集》书稿交给他们出版（不收稿费），使得"天野社"在云南的出版阵地争得了一席之地，为以后的书刊出版发行工作初步打开了局面。

《刁斗集》共编为9辑，当全部排完版交给楚图南校阅完毕时，已是1943年8月了，楚图南又写了一个"校毕附记"。在这"附记"中，他意味深长地写道："……前后翻阅一下，颇令人感到旧文字的重印，正说明了我们的时代即使不是走着倒退，至少，也是走着回旋的路子，旧问题的重新提出，也说明了社会的依然聋瞎和麻木，这于读者和作者，都应该不是一种快乐和舒服的事。"

接下来，他还针对性很强地写下了这么一段充满批判性和战斗性的文字："至于这些文字的粗糙和不够精致，那也是当然的。因为我自来还没有想到凭着幸运的天机和良缘，稳坐在精致的暖阁，制造成专家或学者，也没有想到高据崇宏而幽雅的象塔，啸傲烟霞，放怀情思，成为白嫩皮肤的文士和诗人。随兴而写，随感而写，让我的文字也如我的突兀而崎岖的旅途一样，充满了人间的凌乱的风沙和杂草，和有着角芒的瓦砾和泥土罢。"

最后这段文字，当是楚图南借这个机会对勇于进取的热情青年们的肯定、鼓励和鞭策，他对青年的一腔热情浓浓地充溢在这字里行间："此外刊载这些文字的当时的刊物，大都为这时代的难能，坚苦，富于热情和梦想的青年们的业绩。现在无情的时代，或者将他们完全吞噬，或者使他更走上了深沉结实的前途。但他们过去的天真和努力所遗留下的影迹，究竟还是可爱，且值得怀想的，所以我愿意我的心版的一隅，铭刻了他们的名字，因此，在每篇文字的末尾，也就不能不记下了这些刊物的名称。至于所谓借此传世流布，希图博取俗世的浮名，那当是他们所没有想到，也正是我这已所蔑视和厌弃了的。"

楚图南与进步青年的心，是相通的。

广交朋友

楚图南为人诚恳，对人谦和，讲信义，重友情，不仅对青年学生很好，对其他各方面的人士都能友善相处，有的甚至能结为深交，成为知己，对方也把他引为至交，深加信任。广交朋友，也是他从事进步活动的需要。的确，自抗战回到云南之后，楚图南的职业虽然是教师，但他的主要精力是从事抗日救亡、争取民主、反对独裁的社会活动，他和他的同志们重任在肩："为团结对敌，既要说服本省人对外省人的排斥心理，又要说服外省知识分子摈弃对本地人的轻视。既要争取像张冲这样出身于绿林，后投身于军旅，在台儿庄率滇军浴血奋战的血性汉子：又要团结像闻一多这样留学海外，曾醉心于美学的学者文人。既要帮助一大批热血沸腾的青年学生；又要团结一些家道殷实的实业界人士。既要利用龙云和蒋介石的矛盾，争取他对民主运动的理解和支持；又要利用关系和杜聿明这样的蒋介石嫡系周旋。既要谈天下大事，又要做学问。”①

抗战开始，云南也进入了一个新时期。一个重要的特征，便是“难民、文化人、学者、学校和文化机关，不断的如同潮水一样的向着昔日被视为畏途的山国地方涌来。”于是，不可避免地出现了云南人对外地人的一些不愉快，和外地人对云南人的一些不满意。特别是在知识分子这一阶层中，有些人存在畛域之分，彼此怀有成见，互相看不起，心里有一种对对方的排斥情绪。外地知识分子中有少数人表现出一种优越感，贬低云南人，贬低云南知识分子，贬低云南文化。这也造成了一些彼此间的不团结现象。

在此情况下，楚图南有针对性地做了不少工作。他利用自己是云南人，但又才从外省返滇，且在外省文化教育界服务过多年、认识不少外省文化教育界人士的优势，分别多次进行说服、劝解、启发、化解矛盾的工作，并在刊物上公开发表一些文章，倡导大家不分畛域、不怀成见、加强团结。《云南文化的新阶段与对人的

① 楚泽涵、楚泽湘、楚泽洋：《历尽人间无量劫，依然默默自耕耘——对父亲楚图南的回忆》。

尊重和学术的宽容》是最集中表明楚图南这方面观点的一篇文章。

楚图南不含任何偏见地指出，“这次迁移到云南的人（这当是明以来第一次最有意义的华族的移民），无论难民也好，资本家也好，学者或文化人也好，都是比较从更高阶段的社会和文化里面出来的人。他们到了这里以后。当初是生活。然后是社会关系，和云南旧有的一切，不断地发生摩擦，发生影响。最后则是文化思想的根本的认识，根本的态度，也要发生变化，结果就必然要使云南的文化进到了一个更新的阶段。”他高度评价这种移民列云南的影响：“即使不能比之于五胡乱华晋人的南迁，后来遂使江南文化在中国学术史上占了一个中心的地位；或者如土耳其之攻陷了东罗马，使东罗马的文人学者相率西渡，到了意大利，促成了欧洲的文艺复兴，后来且发展为现代支配世界的文明。至少也得是具体而微的晋人南迁，具体而微的罗马人的西渡，至少要使云南文化发生了变化，增加了新的成分，并推动着，到了一个新的进步的阶段。何况在抗战的意义上，这次的移民，乃是充实后方，整备后方，更加强和增进了抗战的力量。比之于晋人南迁，罗马人西渡，还有着更多的积极性呢！”这应该是云南文化的一个新的时代，一个伟大的时代。

站在云南人、云南知识分子这个角度，应当要认识这个时代，欢迎这个时代，准备迎接这个新的伟大的时代。但由于“云南是一无准备的。云南的社会既是一个半封建的农业社会，当然谈不到对人的尊重和对于学术的宽容。也就是很少有对新文化的正确的认识，和合理的宽容。”

所以，楚图南希望云南人能采取一种正确的态度：“对于人的尊重和学术的宽容，使学术思想能自由健全的发达起来，使云南文化能够加速度地渡到一个新的阶段。”其实，“这不单是促进云南文化的问题，而且也是增强抗战期间文化阵线的实力的问题。”所以，云南人对此应当有一种新的认识，有一种新的雅量和认识，这是伟大时代的来临所需要的。而对于外地人中少数“学者名流”那种不切实际的、冠冕堂皇的对云南的恭维，楚图南也坦率地指出：“我以为这若不是对于云南人的一种侮辱，也就是对云南人的一种欺骗。人对人的态度不应当是这样的，尤其在国难期间，一切事都要严格批评，切实推进，无论前方后方都是战时，都是战地，不需要谀辞，不需要客套，更不需要如同入境护照一样都要恭维一通，或背诵几句使人喜欢的滥调。”

楚图南也诚恳地劝告某些发表荒谬错误言论的外地名人说：“云南虽是文化幼稚、知识贫乏的地方，但也是一块崭新的地方。我们所需要的是健全的科学和真理，我们应当去除了一切的俗见和浅见，来好好地培植了这块崭新的园地。所以对于选种下苗，便不能不稍稍谨慎。”

应该说，楚图南这种态度是公正的，愿望是良好的，所提的问题是有针对性的，摆出的看法是有见地的，正确的。其核心观点就是加强团结，尽可能地团结更多的人投身抗战建国的行列。

楚图南这种尽可能团结更多的人的主张还体现在很多方面。比如成立“文协云南分会”时，曾有人提出，不应把文艺界以外的文化界人士包括进去。但楚图南和冯素陶就明确认为，就昆明这么一个当时人口尚不足20万的城市而言，本身从事文艺工作的人就为数不多，我们应当让“文协”这个在全国具有合法性的组织，团结起更多的人来，共同为抗战服务。他们这个观点也得到了茅盾同志的赞同，后来的事实也证明他们是对的，是站在抗战这个最高利益的角度考虑的。

由于楚图南、冯素陶他们几位坚定的主张，“文协云南分会”广泛吸收了文艺界人士之外的很多文化界人士参加，包括云南本地人士和外省来滇人士。在文协理事的选举中，大家也能克服地域偏见，选举出各占适当比例的外省来滇人士和云南人士，如在全国有影响的文化界知名人士穆木天、朱自清、施蛰存、沈从文、顾颉刚、徐炳昶、吴晗当选为理事，冯至、谢冰心当选为候补理事；云南人士有20多位当选为理事和候补理事，显示出广泛的团结。

楚图南还很注重促进大学教师之间的团结。当时外省迁滇的大学教师中也是有一些人看不起云南大学的教师的，楚图南在其中尽力作化解工作，还请闻一多等人士一同来做化解工作。

楚图南不仅在知识分子中间广交朋友，还在云南地方人士中广交朋友。就在他回到昆明后的第一个月，他就认识了昆明进步的爱国工商业者郑一斋先生，并由此形成了后来的进步聚会“九老会”的基础。

热情好客的郑一斋与许多民主进步人士和地下党员都成了知心朋友，有空时，郑一斋就喜欢约楚图南、杨春洲、冯素陶、艾至诚、张天放等友人到他家中小聚，利用会餐或茶叙的机会交谈，交换一些对国内外政治形势的看法，商讨一些如何推动云南抗日民主运动的问题。1941年，中华职教社的领导人孙起孟由桂林迁来昆明，李公朴由华北解放区来到昆明，周新民也以国际救济基金委员会的名义来到了昆明，他们三位也和杨春洲、楚图南他们一道，成了郑一斋家的座上客。他们三位的加入，使这个聚餐活动的政治色彩更浓了（新中国成立后才知道，孙起孟与周新民都是周恩来同志委派来滇做统战工作的）。

为使这个聚餐活动保持下去，经郑一斋和孙起孟提议，固定为每两周举行一次，地点仍在一斋家中，对外就说是聚餐会，一斋先生是东道主。这时常聚会的就是9个人：郑一斋、楚图南、冯索陶、杨春洲、张天放、艾志诚、孙起孟、李公朴、周新民。李公朴爱开玩笑，把这个聚餐会戏称为“九老会”，其实其中有的人并不老。后来，实际上参加聚会的也不仅限于这9个人。

陆续参加过这个聚会的还有刘达夫、杨一波、寸树声、周禾书、徐梦麟、赵沨、蒋仲仁等，有时还有少许临时邀请参加的人士。在当时的昆明，公开的抗日民主活动是很困难的，进步团体有的被打垮，有的被分化了。“九老会”以聚餐会的形式，进行秘密活动，对于推动抗日民主运动的发展，起到了积极作用。

“九老会”的成员或者是地下党员，或者是民主人士，在后来的抗战建国时期或新中国成立以后，都成了有影响有成绩的栋梁之材。

郑一斋还为新华日报社捐赠了印刷机。当他得知新华日报社经费困难，印刷机数量不足时，马上主动提出来要捐赠一些款项给新华日报社添置印刷机。后来这事交请黄洛峰经办。大家都被郑一斋这种不遗余力地支持进步出版事业的热情深深感动。

令人非常惋惜的是，郑一斋于1942年7月31日因车祸过早地去世了。送郑一斋入土时楚图南心中充满了无限的秋意，连绵的秋雨似乎在他的心中低泣。他的脚，像绑扎着沉重的铅，走着铅一样的路。无声地看着一斋的下葬，行了最后分别的敬礼。这真是生死的永别了。

楚图南与李公朴的友情是从李公朴1941年初由重庆来到昆明时认识而开始的。他俩日后在“九老会”及后来的民主运动中成了坚强战友。

李公朴是“九老会”中最活跃、最积极的人物。

他有着清寒的出身和漂泊动荡的经历，是著名的救国会“七君子”之一。他1941年初到昆明时，一些所谓学者名流因他清寒的出身和漂泊动荡的经历，对他最初是有偏见的，怀疑他的学识水平，但他没有并吓住。多才多艺、知识丰富的李公朴待人热诚、善与人相处，很快便在工商界、地方士绅、宗教界，乃至国民党的军政人员之间交了一大批朋友，对他们宣传抗日救亡的主张，扩大抗日民族统一战线的影响。

李公朴乐观向上，忍辱负重。他在生活极端困难的情况下仍不气馁，照旧为了救亡事业积极奔走。为了工作他要和商贾富绅周旋，而自己却穷困到交不起房屋租金，不得不变卖珍爱的网球拍的地步，后来还不得不把他擅长字画的岳父张筱楼先生接到昆明同住，仰仗岳父鬻字卖画暂时维持全家生活。

后来，李公朴克服困难，靠自己的努力和友人郑一斋、艾志诚、杨春洲等的投资帮助，在北门街开设了一家“北门书屋”，介绍、出售进步书刊，还翻印了部分毛泽东著作，扩大了革命宣传；同时也解决了自家的一些生活困难。北门书屋为云南社会，尤其是为广大爱国青年，推介了大量的进步书刊，起到了宣传革命思想的好作用。

在此基础上，李公朴又大胆地筹办起了北门出版社。虽然资金匮乏，但由于李公朴善于与群众联系，并有组织能力，他本着“为群众办的事业，就要依靠群众来办”的宗旨，努力取得很多友人的支持。他平素常接触进步学者、教授、作家、诗人，还有各界民主人士和爱国工商业者，这些人都是支持北门出版社的力量。

钱少就按钱少的情况办事。北门出版社最早就先出版不付稿酬的书稿，找可以赊欠印刷费的印刷厂。一开始，楚图南就把自己翻译的涅克拉索夫、惠特曼、莱蒙托夫、陀劳尔等进步诗人的16首诗辑成的世界名诗集《枫叶集》，交给北门出版社出版，不收取分文稿费。张光年也把他的诗集《雷》交给北门出版社出版，也是不收稿酬。这两部诗集中的诗都是歌唱新生、歌唱战斗的诗，是让人得到鼓舞、产生勇气的诗。这在当时的环境里。一般的出版社是难以出版的。而今，在李公朴和楚图南、张光年的有力合作下，两部诗集出版了！读者们从中看到了“霜雪在生命上所刻下的鲜艳的痕迹”，听到了“午夜雷声”……

后来，出版社的影响日益扩大，逐渐引起了国民党反动当局的注意，开始搞出版审查。出版社送去审查的书稿，有的被他们扣压，有的被肆意删改。这种情况下，李公朴往往无畏地去找国民党省党部图书杂志审查处的处长直接交涉，当面说理斗争：并发出争取出版自由的呼声，在社会上造舆论。北门出版社后来出版的许多书，就是这样争取出来的。两年多的时间中，出版了30多种新书，其中有翻译作品、诗集歌曲、文艺作品、文学评论、民族地区考察记、青少年读物等等。

出版社的编辑主要由张光年负责，约请了楚图南、闻一多、赵沨、潘光旦、曾昭抡等十来位进步的诗人、作家、音乐家、翻译家参加，保证了出版质量。在出版的由张光年、叶以群主编的“民主文艺丛刊”第一集《文艺的民主问题》中，有茅盾、何其芳、曹靖华、楚图南、闻一多、李何林、徐迟等20多位著名作者的文章，对当时文艺的民主问题各自提出了深刻见解，反映出《在延安文艺座谈会上的讲话》的基本精神。

李公朴主持的北门书屋在不断发展，政治活动也日益活跃。“北门书屋每天的顾客、读者川流不息；在楼上，公朴先生寓所里常常是高朋满座。朋友们喜欢到他那里举行各种集会，例如宪政座谈会、时事讨论会、民盟的小组会、妇女联谊会等等。外地来的民主人士和文化界的朋友们也把那里当作中转站、联络点。萨空了同志从四川集中营里释放出来，到昆明经常在那里与各界朋友会面。赵丹同志从新疆监狱出来到了昆明，就在那里和昆明文化界的朋友们集会，听他控诉法西斯的罪行。朋友们把公朴先生的家说成是‘文化沙龙’，称誉它是‘民主之家’。在那里有时显得十分紧张严肃，但有时又感到那么轻松活泼。每到周末，青年朋友们、同学们也都愿意到公朴先生家里作客，很自然地形成了各种各样的晚会。如果诗人张光年同志在场那就很可能是个诗歌朗诵会；假若音乐家赵沨同志去参加，就会成了音乐欣赏会，常常是兼而有之。”①

楚图南因在云南大学执教，更是利用这个身份广泛地接触本校和外校的教师，以及一些中学的教师，增进了

① 王健：《李公朴与北门书屋》，《云南师范大学学报》（哲学社会科学版）1980年3期。

解，加深友谊。他与本校和西南联大的一些进步教授来往尤为频繁，友谊尤为深厚，如尚钺、潘光旦、闻一多、费孝通、曾昭抡、张奚若、吴晗、周新民、潘大逵、徐梦麟、李广田、寸树声等。他与杨春洲、冯素陶、杨一波、张光年、赵沨这几位云大附中教师之间的情谊之深厚那更是自不用说的了。西南联大社会学系系主任潘光旦教授自抗战入滇之后才与楚图南认识开始交往，但彼此仰慕，相互砥砺，成为至交。后来潘光旦有感于楚图南的高风亮节，针对楚图南保存的一件文物——先民时代的古苍璧。撰写了一首长达400多字的《楚子图南古苍璧歌》，亲笔书赠楚图南，有叙有议，一唱三叹，抒发了与楚图南的深厚友情，表达了对楚图南的敬仰之意。①

楚图南与闻一多之间的深情厚谊更是众所周知的。他们开始认识交往之后，楚图南便以他对朋友的坦诚和直率，以他的思想修养和谦和友善的品德，赢得了刚正不阿的闻一多的尊重。有一天，闻一多对他的一个学生说起楚图南："过去我看楚先生为海派教授，很不对。现在我把他当老师。"

一次，楚图南与闻一多在交谈中讨论起对新月派的评价问题。当时，闻一多已经过西南联大师生由长沙步行跋涉几千里的艰辛历程，沿途满目疮痍和民众的苦难深深刺痛了他的心。这位曾经是"新月派"中坚的讲究

① 见唐登岷：《高风劲节典范长存——缅怀楚图南同志》，《云大风云》，云南大学老战友联谊会编，云南大学出版社，1995。

“三美”原则的诗人，已开始对新月派的唯美主义表示怀疑，开始和“高等华人”分手，但是还在有所犹豫，对唯美主义还未痛下决裂之决心。此时，楚图南不留情面地讲出一通对唯美主义的尖刻的评论。闻一多心悦诚服，他说，在这以前他还没有听到过如此尖锐但中肯的批评。

进入抗战后期，闻一多与楚图南已经是无话不谈的朋友了，又是云南民盟中坚强的战友。每逢闻一多下课后到楚图南家小坐时，当时年仅四五岁的还颇为顽皮的小泽涵会用小手揪着闻一多的长胡子，或者把他的手杖藏起来，不愿让“一多伯伯”离去。

楚图南和“九老会”的其他成员与云南彝族抗日名将张冲的联系也很多，关系也很深。张冲将军绿林出身，投身军旅，率滇军在台儿庄浴血奋战。台儿庄大捷后，又再率滇军到武汉附近与倭寇作战。后来因识破蒋介石积极反共、消极抗日及借抗日之名欲削弱各地杂牌军的阴谋，而为蒋所忌，便退职返滇，住在翠湖南路婴帽会馆（今翠湖宾馆旧址）。

楚图南、李公朴、艾志诚、杨春洲常常去婴帽会馆看望张冲将军，过从甚密。张冲对楚图南、杨春洲他们已到了无话不谈的地步。张冲还对他们透露过很想潜赴解放区的想法，他们也替张冲出过一些主意。张冲警惕性颇高，为避免特务注意，他与“九老会”成员暗中来往很多，但不参加“九老会”的聚餐活动。“直到1946年，他才想出一个脱身之计，请卢汉保他当国民党的国大代表，到南京开会。他借开会之机，瞒过特务的注意，通过组织的安排，终于到达延安，正式加入了中国共产党。”①

加入中国民主同盟

中国民主同盟的前身是中国民主政团同盟。中国民主政团同盟的前身是成立于1939年11月的“统一建国同志会”。该会于1941年改为“中国民主政团同盟”，其性质是政治上具有民主思想的三党三派组成的一个初步结合体，包括中国青年党、国家社会党、中华民族解放行动委员会，中华职业教育社、乡村建设协会及社会贤达在内的中国民族政团同盟。还有张澜等著名人士，以个人身份参加民主政团同盟。②

最早设想并酝酿成立这个政团同盟的是梁漱溟、黄炎培和张澜，并和中共交换过意见，争取中共的支持帮助。正式成立后，梁漱溟又向周恩来作了通报。1941年3月19日下午，在中国民主政团同盟成立大会暨第一次中央执行委员会议上，推选黄炎培为中央常务委员会主席，同年10月，黄炎培辞去主席职务，由张澜接任。张澜早在辛亥革命时期，便是闻名遐迩的爱国人士。成立民国后，张澜曾任四川省长、成都大学校长，一生清正廉洁，德高

① 杨春洲：《记抗战期间在昆明的一些民主人士》。
②《民盟史话》，赵锡骅著，中国社会科学出版社，1992。

望重。朱德、罗瑞卿、任白戈都曾是他的学生。四川地方实业家和实力派中，也有不少人是他的学生、部下或故旧。张澜反对蒋介石独裁专制的态度尤为鲜明，意志尤为坚决，担任主席实乃众望所归。①

为了适应民主运动日益发展的需要，民主政团同盟于1944年9月19日在重庆召开了全国代表大会，采纳云南代表建议，决定扩大组织发展范围，将“中国民主政团同盟”改组为“中国民主同盟”，简称“民盟”，吸收无党派人士以个人身份入盟。②“这样就把主要是‘三党三派’的政治联盟，改组为有党派与无党派的爱国知识分子和民主人士的政治联盟，扩大了民盟的组织范围和社会基础。此后，大批爱国的和要求进步的老、中、青知识分子参加了民盟，其中许多是全国著名的学者、教授、作家、艺术家，包括一批革命知识分子和共产党员，壮大了民盟的力量，推动了民盟组织的发展与巩固。”③

这次全国代表会议后，民盟便有计划地发展地方组织和基层组织，并在组织发展工作中得到了各地中共地下党组织的支持帮助。有不少地下党员交叉加入民盟，还有一些地下党员在盟内以盟员身份被推选为各级民盟组织的领导人。民盟昆明市支部成立于1943年5月，是民盟最早成立的地方组织。最初只有7个成员：罗隆基、潘光旦、周新民、潘大逵、唐筱蓂、李公朴、杨怡士。罗隆基为主

①《民盟史话》，赵锡骅著，中国社会科学出版社，1992。
②《民盟史话》，赵锡骅著，中国社会科学出版社，1992。
③《民盟史话》，赵锡骅著，中国社会科学出版社，1992。

委，潘光旦、周新民、潘大逵、唐筱蓂、罗隆基为委员。

1942年秋冬时节，在昆明的民盟中央执委兼宣传部长罗隆基和稍前到达昆明的潘大逵便在昆明开展了民盟的工作。他们和潘光旦、周新民和唐筱蓂常在唐的住宅唐家花园聚会。1943年春，又逢杜斌丞由重庆来到昆明，也参加了他们几人关于成立组织的策划。1943年5月，昆明支部成立了。当时，"罗等提出的'反对蒋介石独裁'这一点，颇得一般知识分子和群众的同情与拥护，龙云也对此默许。但是对罗等鼓吹的'第三条道路'和所提倡的欧美式的资产阶级民主，则只得到少数知识分子，特别是在欧美留过学或向往于西方政治的知识分子的赏识和赞成。他们的活动范围，往往局限在上层知识分子中间，特别是在旧民主主义知识分子中间。因此，社会影响不大，更不用说有广泛群众基础了。"①

1943年10月，以周恩来同志为首的中共中央南方局正式委派华岗同志到昆明开展统一战线工作。

此时，抗日战争已进入第6年，可以说是抗战最艰苦的年代。云南的形势也十分复杂。对于地方军阀长期割据、地方势力雄厚的云南，蒋介石的中央政权决不会放弃不管。在中央政府迁到重庆之后，蒋介石更是处心积虑地要加强对云南的控制。而以龙云为首的云南地方实力派羽毛颇丰，不愿听从蒋介石随意摆布，而要竭力维护自身既

① 楚图南：《抗战期间云南的民盟工作和民主运动》，《楚图南集》，云南教育出版社，1999。

得利益，所以表面上服从中央，实际上却反对蒋介石的控制，让中央很难插手。这样，在蒋介石的中央与龙云政权之间，就存在着一种“控制”与“反控制”的矛盾，这种矛盾在不断的激化。

自1929年就担任云南省主席的龙云，抗战开始后，赴南京参加国际会议时，先到西安，然后与周恩来、朱德、叶剑英同机到达南京。在与中共这几位领导人接触中，龙云了解了中共中央坚持抗日民族统一战线、团结御侮的决心，并深为这种决心所感动，当即向朱德表示，愿与中共延安建立秘密的电台联系。

这次中共南方局周恩来同志委派华岗到云南的一个重要任务，便是代表南方局与龙云建立直接联系，做龙云的工作，争取他和共产党合作；同时“根据党的政策帮助、指导民盟的工作和云南大后方的民主革命运动，包括文化活动、青年活动等各个方面的群众运动”。

华岗是一位很有能力、很有才学、文化修养很高的干部，也是一位优秀的统战工作组织者。他1924年便加入社会主义青年团，次年加入中国共产党，先后担任过南京地委书记、河北省委书记、中央南方局宣传部长、中央华北局巡视员和《新华日报》总编辑。1928年曾出席在莫斯科召开的中共“六大”；1932年至1937年坐过国民党的监狱，是一位久经考验的忠于党的事业的优秀干部，赴滇前曾在重庆八路军办事处工作。

华岗同时又是一位颇有水平的马克思主义哲学家和

史学家，著有《苏联外交史论》等著作。这次到昆明，华岗没有公开职业，为了能更方便地在昆明开展好工作，经华岗和楚图南他们几位商议后，由楚图南以文史系系主任的角度向云南大学校长熊庆来和云大文法学院院长胡小石推荐，在几经周折后。由熊庆来校长聘请华岗担任云大社会学系教授。华岗化名为林少侯。为了配_合他的工作，楚图南他们还介绍了一位追求进步、忠实可靠的青年王志诚到云大担任助教，做华岗的助手。自此，华岗便能以云大社会学系教授的身份公开地与云南知识分子和各界人士接触、联系，开展各方面的工作；还可以发表文章，扩大影响。他后来发表文章时多用笔名“林石斧”。

楚图南第一次见到华岗，“是在他到达昆明的当天。事先，我得到通知，赶到一位朋友家里，他从重庆乘汽车刚赶到昆明。一路上除了路途崎岖，还受到严重的胃溃疡病的折磨。就这样，他一面洗脸，一面听取了我们对云南形势，特别是民主运动和文化教育界等各方面的情况汇报。他还带来了南方局周恩来、董必武等领导同志对昆明民主运动，文化教育界和青年学生的关切以及对开展工作非常及时的指示。”①

华岗的到来，为云南大后方的统一战线和民主运动与文化教育界的活动开拓了一个新局面。

首先，华岗经民盟负责人之一罗隆基教授介绍与龙

① 楚图南：《记和华岗同志在一起工作的日子》（1980年6月21日），《楚图南集》，云南教育出版社，1999。

云会晤，商定好设电台的具体事宜。以后由南方局派了报务员杨才到昆明，在五华山的滇黔绥靖公署内设立了秘密电台。这个电台的设立，成为华岗和龙云与中共中央南方局联系的渠道。

接着，为了把进步知识分子组织起来，华岗倡议成立了一个“西南文化研究会”，通过这种不定期的聚会，同各方面有代表性的学者、专家和文化教育界人士交换意见，探讨对国内外政治形势的看法。这个研究会的主要成员有罗隆基、潘光旦、楚图南、费孝通、吴晗、周新民、冯素陶、李文宜，还有闻一多。闻一多是华岗同志特意提出来说考虑请他参加的。当时，有一些同志对争取团结像闻一多这样的知识分子是有一些偏见的，“认为他早年站在新月派一边，信奉过国家主义，到了云南，又钻进小楼，醉心于经史楚辞的研究，像他这样的人，能和我们走到一起来吗?”①在这种情况下，华岗把周恩来同志写给他的一封亲笔信给楚图南他们看了。“信的大意是：像闻一多这样的知识分子，对国民党反动派的腐败是反抗的，他们也在探索，在找出路，而且他们在学术界，在青年学生中，还是有广泛的社会联系和影响的，所以应当争取他们，团结他们。”②

楚图南从这封信中得到的启示是：“这样，周恩来

①楚图南：《记和华岗同志在一起工作的日子》（1980年6月21日），《楚图南集》，云南教育出版社，1999。

②楚图南：《记和华岗同志在一起工作的日子》（1980年6月21日），《楚图南集》，云南教育出版社，1999。

同志实际上就委婉地批评和规劝了我们之中对闻一多等人不全面的看法，用党的统一战线的策略思想教育和提高了我们。”[①]正是在这种思想指导下，楚图南他们和闻一多的接触多了起来，逐渐了解了一多。

这之后，闻一多与华岗之间有过多次开诚布公的促膝长谈。西南文化研究会开会的地点主要是在北门街的唐家花园。这里早先是唐继尧的别墅，唐去世后是他的儿子唐筱蓂的住宅。唐筱蓂这位青年党在云南的负责人，同罗隆基私交甚好，故尽管他本人不参加研究会，却借给研究会一间舒适的大客厅作开会用。

研究会每两周开一次会，最初是侧重讨论学术问题，后一段时期主要是讨论政治问题。这种讨论的背后，是真的以文会友，是化解各种矛盾，通过学术讨论达到促进联合。相继参加进研究会的还有尚钺、潘大逵、曾昭抡、辛志超、闻家驷等人。

在研究会上，华岗作过关于苏联民主、关于社会学任务的报告，罗隆基作过欧洲民主的报告，潘光旦作过关于云南民族问题的报告，闻一多作过关于儒家学说的报告——这篇报告便是后来收入《闻一多全集》中的题为《儒家、墨家与土匪》的那篇文章。

这个研究会讨论问题的程度都比较深，后来还深入分析时事，还学习过中国共产党的方针政策，讨论时

① 楚图南：《记和华岗同志在一起工作的日子》（1980年6月21日），《楚图南集》，云南教育出版社，1999。

局。吴晗后来回忆说："在这些会上，我们初步知道中国社会两头小中间大、统一战线政策、个人和集体的关系等等道理。以后我们又得到《论联合政府》、《新民主主义论》、《论解放区战场》等党的文献和《新华日报》、《群众》等刊物，如饥似渴地抢着阅读。对政治的认识便日渐提高了。"①

楚图南对研究会的作用是如此看的："这样经常的协商、座谈、讨论、争辩，逐渐消除了本省人和外省人，云大和联大之间的隔阂，也消除了高级知识分子之间诺如留美派、留欧派、洋教授和土教授等门户之见。大家在抗日救亡、争取民主和进步的旗帜下团结起来，统一起来。"②

冯素陶这样认为："这个学术研究会，实质上可以说是党所领导的、当时昆明知识界爱国民主统一战线的核心。"③

西南文化研究会前后活动了两年时间，直到1944年华岗离开昆明，研究会才告结束。参加研究会的成员在1944年民主政团同盟改组为民主同盟后，全部都成为民盟盟员，其中多数还是云南民盟支部的领导成员。后来除闻家驷和尚钺两人外，其余各位均当选为民盟第一届中央委员。在这个意义上，可以说西南文化研究会为民盟培养了

---

①吴晗：《拍案而起的闻一多》，载《人民日报》1960年12月1日。

②楚图南：《抗战时期云南的民盟工作和民主运动》，《楚图南集》，云南教育出版社，1999。

③《黎明前后——冯素陶回忆录》、《云南文史资料选辑》第31辑。

优秀干部，形成了云南民盟支部的中坚力量。

自1943年秋华岗同志以中共南方局代表的身份到了昆明以后，“带来了党中央关于建立抗日民族统一战线的思想以及稍后的延安整风精神，同时也带来了周恩来和董必武对云南知识分子、文化界人士与青年学生和云南的民盟工作和民主革命运动的亲切关怀。国内形势和民族危机要求我们要引导各方面的人士摒弃歧见，在抗日、民主、进步旗帜下团结起来；把进步的青年学生们组织起来。民盟可以而且应当从一个侧面担负起这个任务。”①

在这个时候，楚图南和尚钺、赵沨加入了民盟，成为昆明支部的正式成员。不久，闻一多也加入了民盟昆明支部。先后加入民盟的还有吴晗、曾昭抡、费孝通、王赣愚、胡毅、朱驭欧、夏康农、李德家、李文宜、辛志超、冯素陶、姜震中、吴富恒、张光年、王健、刘宝瑄、方仲伯等人。

民盟的组织逐渐壮大了，并配合着云南地下党领导的民主革命运动，掀起了“坚持抗战、反对投降，坚持民主、反动独裁，坚持进步、反对倒退”的新高潮。为适应新形势的要求，民盟昆明支部于1944年10月1日正式改组为民盟云南省支部，罗隆基、潘光旦、周新民、潘大逵、李公朴、闻一多、楚图南、费孝通、吴晗为委员，罗隆基任主委。接着于12月初出版了民盟云南省支部的机关

① 楚图南：《抗战期间云南的民盟工作和民主运动》，《楚图南集》，云南教育出版社，1999。

刊物《民主周刊》，先后由潘光旦、潘大逵、闻一多任社长，罗隆基、杜迈之任主编。在民盟云南支部委员的分工中，由潘大逵和闻一多管宣传，周新民管组织，潘大逵还和吴晗分别担任青年运动委员会主任、副主任，负责联系联大、云大、中法大学等校学生，组成“民主青年同盟”。

当民盟于1944年9月召开全国代表会议，决定可以吸收无党派人士以个人身份入盟之后，民盟中央主席张澜便亲自秘密吸收龙云加入了民盟。个中缘由是在此之前，由于张澜与西南各省的地方实力派均有很深的渊源，在他们心目中威望甚高，龙云几次到重庆开会，几乎每次都要去拜访张澜，与之畅谈国事。龙云对民盟的政治主张是甚为赞赏的。故张澜亲自将反蒋爱国的龙云吸收入盟。

“龙云入盟后，在昆明虽未和地方组织进行组织联系，不参加地方组织活动，但他对云南民盟的尽力和昆明民主运动的态度就更加鲜明无讳了。代表民盟云南省支部和龙云联系的是罗隆基，民盟其他负责人也有机会和龙云接触。”①

随后，龙云还让任滇军师长、曾留学法国学习军事的长子龙绳祖也秘密加入了民盟。经楚图南、冯素陶、闻一多、赵沨他们商议后，认为：“对龙绳祖这样在旧军队和云南地方

实力派中涉足很深的人加入民盟，一定要对他做点

①《民盟史话》，赵锡骅著，中国社会科学出版社，1992。

工作，让他明白加入民盟不是一件随意的事，一定要给他留下一个深刻的印象。经商量后，龙绳祖加入民盟要履行宣誓手续。”[①]龙绳祖宣誓入盟那天，在东门外的龙云住宅大厅里，楚图南、闻一多、冯素陶这三位监誓人背墙面南而立，龙绳祖面对他们郑重地念完了誓词。龙云的下属、绥靖公署少将作战处长刘达夫，接着也秘密加入了民盟。

龙云父子和刘达夫等人的秘密入盟，对民盟的活动和昆明地区的民主运动，都有很多实际的支持。他们为民盟做了不少工作，作用是不可低估的。

民盟云南省支部最初的组织工作，是由周新民负责。周新民是一位全心全意为民盟工作的很负责的中共地下党员。在他的努力下，民盟各级组织都有一批水平较高的骨干。

1945年12月，民盟云南省支部改选，楚图南、冯素陶、费孝通、杜迈之、潘光旦、王振华、闻一多、杨维骏、赵沨、杨一波、刘宝瑄等11人当选为委员，潘大明、杨明、姜震中、陆钦墀为候补委员。楚图南任主委，闻一多任宣传部长兼青年委员会主任，冯素陶任组织部长，潘光旦任财务委员会主任，杜迈之任秘书处主任（后由赵沨接任），吴晗任《民主周刊》社社长。[②]

楚图南加入民盟以后，活动就越来越多了。并且，

① 楚图南：《民盟工作的片断回忆》。
②《中国民主同盟简史》，民盟中央文史委员会，群言出版社，1991。

由原先基本上不公开身份的较隐蔽的活动，转变为在公开场合抛头露面的公开活动：特别是当选民盟云南省支部的委员、继而又改选为主委之后，更是向社会公开身份，旗帜鲜明地领导民盟云南省支部开展了多种活动，如举行各种讲演会、报告会、招待会、纪念会、群众大会等，办好《民主周刊》，抓好出版工作，做好统战工作，团结大中学校师生、做好知识分子工作，等等。这些活动推动了云南民主革命的进步运动的蓬勃开展。

关于出版工作，这是民盟工作和进步活动的一个重要方面。这特别是与李公朴的努力分不开的。在朋友们的支持下，李公朴办起了北门书屋，继而又办起北门出版社，组成由张光年、楚图南、闻一多、赵沨、潘光旦、曾昭抡等民盟成员参加的编辑部，出版了30多种新书。为了斗争的需要，还秘密印刷了一些革命宣传品和党的文件，如毛泽东同志的《论联合政府》、《新民主主义论》、《论解放区战场》等重要著作，对人民革命事业的发展起到了很大作用。

《民主周刊》的出版发行也是民盟云南省支部的一项重要工作。从1942年12月创刊到1946年8月被反动派封停，共出版了3卷71期，是当时发行量最大、影响很广泛的一种民主刊物。不但深受昆明各阶层民众的欢迎，连其他省市也都有远道来函订阅的。龙云也暗中支持《民主周刊》的出版发行工作。

《民主周刊》出版的这三年，也是国内民主与专制抗争，和平与战争搏斗的风云骤变的三年，形势发展很快。《民主周刊》紧密结合形势的发展，针对各阶段国内、省内发生的重要事件或较大问题，经常刊发一些针砭时弊的评论文章。这些文章都由专家、教授、学者和各方面有代表性的人士撰写，很有分量，也有影响。

“周刊创刊之时，正当日本帝国主义的铁蹄践踏到了贵州独山。国命危殆，全国民心激愤的时刻。创刊号上发表了题为《怎样渡过难关》的时评，指出国内问题，不只是军事问题，实际是政治问题，是全国上下精诚团结，坚持抗战，实行民主的问题。非民主团结，不能打败日本侵略者，赈救中国。呼吁国民党当局接受举国一致的要求，召集国是会议，成立民主联合政府，以渡过国家民族存亡的难关。第3期为纪念云南护国起义25周年，发表时评《铲除枭雄盗国思想——纪念云南护国革命》。从袁世凯称帝的教训，提出警告说：‘枭雄盗国寡头专制妄念，绝对不能苟存于20世纪。’意即必须扫除民主的障碍——独裁专制，矛头直指独裁者蒋介石。这年10月7日，民盟主席张澜在成都华西坝各大学12学术团体联合召开的国是座谈会上，点名谴责蒋介石独裁专制，指出政府腐败到这种程度，国家危险到这个境地，都是蒋介石独裁专制的结果。这是冲破反动派三次反共高潮后期白色恐怖阴霾的两声重炮，南北呼应，开创了公开指责独裁专制的先声，预告了新的民主高潮的到来。”①

①《民盟史话》，赵锡骅著，中国社会科学出版社，1992。

《民主周刊》此后各期中陆续刊登的重要文章还有：罗隆基写的《民主政治与民意政治》、《党派团结的具体方案》，潘光旦写的《民主的先决条件》，王赣愚写的《团结与军队统一》，潘大逵写的论宪政问题的连续几篇专论和时评《团结要表里如一》。邓初民写的《人民是最后的判决者》，曾昭抡写的《人民的力量》，雷铭写的《怎样推进中国的民主运动》、专论《"七七"八周年纪念》、社论《我们在抗战胜利时的主张》，吴晗写的《吾人并非为制造一批富翁而战》，楚图南写的《战后和平与教育问题》、时评《"误会"而"冲突"以后》，周新民写的《还能打内战吗》、《对于政治协商会议的期望》，时评《成败之间》、《提高警惕》、《并非圆满》、《时局严重应由国民党负其全责》，杜迈之写的《东北问题一解》，李何林写的《东北问题的关键》、《论东北问题》，等等。

在李、闻惨案发生后，《民主周刊》更是以大无畏的气概，冒着刊物可能被反动派查封的危险，仍然全文发表了《民主周刊》社社长闻一多那气壮山河的《最后的一次讲演》。

在云南大后方这块民主运动的战场上，《民主周刊》及其主持人们所发挥的战斗作用，确实值得载入史册。正如《民盟史话》中所评价的："《民主周刊》坚持民盟的政治纲领，紧密配合民盟总部的政治斗争步伐，为争取民主，反对内战，结合各个阶段国内国际的重大事件和问题，发表了态度鲜明的主张和意见，痛贬时弊，直陈民意，敢于将矛头直指蒋介石反动派，成为昆明地区爱国民主运动和人民革命斗争的喉舌。它的主持人潘光旦、罗隆基、潘大逵、闻一多、李公朴、楚图南、费孝通等，不但将满腔爱国热情抒发为文，而且身体力行，四处奔走呼号，发表大义凛然的激励人心鼓舞斗志的演说，号召广大学生青年和知识分子奋起投入争民主反内战的波涛澎湃的人民革命斗争。闻一多被誉为‘时代的鼓手’。昆明被称为‘民主运动的堡垒’，《民主周刊》和它的主持人们，便是这个光荣的堡垒的有力的宣传鼓动工具和卓越的先锋战士。”①

1944年7月15日，在重庆的文协总会发表了一份《为援助贫病作家募集基金缘起》，倡议发起为贫病作家募集基金。文协昆明分会在此背景之下，于9月17日召开了第四次全体会员大会，改选了理事和监事。一批抗战期间先后来到昆明的有影响的文艺界人士如常任侠、李何林、李广田、张光年、赵沨、吕剑、魏荒弩等，被选为新理事或监事。楚图南、闻一多等原理事仍当选理事。

接着，文协昆明分会雷厉风行，作出决议，响应总会号召，向昆明社会各界人士发起为援助贫病作家募捐活动的宣传，文协昆明分会的理事、监事们还身体力行，带头募捐。大家把这次活动看成是宣传教育群众、坚持进步文化方向的一次动员。闻一多义刻集资，表示“为响应此

①《民盟史话》，赵锡骅著，中国社会科学出版社，1992。

项运动，特愿为人刻章10只，每只2千元，全部收入捐助贫病作家。”楚图南、曾昭抡、伍启元、李公朴、张光年、赵沨、白澄、常任侠、叶以群等各位，也都从版税或稿费下捐出1千元。

闻一多还动员他兼课的昆华中学师生响应募捐运动。那天，昆华中学召开了全校动员大会，闻一多、楚图南、尚钺三位教授应邀参加大会并讲话。

10月9日晚，西南联大刚成立了半年、导师是闻一多的学生进步社团“新诗社”，也热烈地举行了声援贫病作家的诗歌朗诵会，同时纪念新诗社成立半周年。会上，闻一多宣读由闻一多、楚图南、尚钺、冯至、李广田等123人签名的“给贫病作家的慰问信”。新诗社募捐到35万元捐款，占了联大全校总捐款数的五分之一。

昆明这次发起的援助贫病作家募捐活动，由于文协昆明分会和闻一多、楚图南等人士以及联大新诗社等进步大、中学生的共同努力，取得了很好的效果，宣传动员了广大民众，同时也体现了昆明民主进步力量的实力和基础。昆明的募捐款额总数，几乎占了全国募捐总数的十分之九。文协全国总会特意来函表示感谢。

10月10日，这是“中华民国”的国庆——“双十节”。这一天，由民盟云南省支部、西南联大及云南大学的进步社团与昆明文化界联合发起的“昆明各界庆祝双十节保卫大西南”的群众大会在昆华女中操场举行。各界群众来参加的人很多，大约有6千多人，场面不小，气氛隆重，台上坐着罗隆基、张奚若、楚图南、李公朴、潘大逵、闻一多、吴晗等主席团成员。

作为闻一多来说，这是他自抗战开始到云南7年来，第一次公开出现在民众面前，与那么多的民众在一起集会，并且要对民众发表演讲。

大会开始，第一个演讲的就是闻一多。他的讲题是《组织民众与保卫大西南》。闻一多讲完之后，楚图南做了题为《言论自由与身体自由》的演讲，吴晗做了题为《中苏邦交与国共问题》的演讲，李公朴做了题为《改善士兵生活与当前政治问题》的演讲，罗隆基做了题为《改革政治的方案》的演讲。

大会进行中，有特务混在人群中燃放爆竹，用这种卑劣的伎俩来捣乱破坏，企图制造混乱，扰乱人心。但台上的主持人和演讲人都镇定沉着，一再叫大家"不要惊慌！""不要乱！"龙云派出的宪兵也赶到了会场，将特务扣押起来，会场的骚动平息了，大会又继续进行。

最后，由闻一多宣读了《昆明各界双十节纪念大会宣言》。这个宣言揭露和抨击了蒋介石的独裁专制，以及消极抗日的反动政策，明确提出了坚持抗战、保障民主、成立各党派的联合政府、动员一切力量保卫大西南的要求。

这次群众大会，可以说是自皖南事变以来昆明的首次大规模的群众集会。为开好这次大会，民盟云南省支部和昆明的教育界、文化界作了细致筹备，特别是民盟云南省支部做了周密安排，事前还去征得省主席龙云的同意和支持。在筹备中，作为民盟省支部委员的楚图南做了不少工作。最终，大会达到了预期的效果。

10月18日，西南联大“冬青社”等5个文艺壁报社与云南大学学生自治会，在云大至公堂联合举办“鲁迅逝世八周年纪念会”，楚图南和闻一多、李何林、尚钺、徐梦麟、朱自清几位都应邀出席，并都作了热情洋溢的发言。

1944年岁末，云南人民引为自豪的一个光荣节日来临了——12月25日的护国起义纪念日。29年前，云南人民首举义旗，反对袁世凯复辟帝制。袁氏在全国人民的反对声中死去。之后，北京政府定12月25日为护国起义纪念日。但到1942年，国民政府却决定将护国起义纪念日并入12月5日的肇和兵舰起义日一道纪念。

云南人民对此始终抱有异议，认为两种起义各有意义，不宜等同，希望恢复原护国起义纪念。加之今年“双十节”，中国民主同盟发表了《对抗战最后阶段的政治主张》，响应共产党“建立民主联合政府”的建议，申明“结束一党专政”的主张。有鉴于上述两方面的情况，民盟云南省支部便决定要求政府恢复护国起义纪念，借以表达实行民主政治的愿望。

在民盟云南省支部领导者的奔走努力下，云南省第二届临时参议会决定建议省政府向国民党中央请求批准恢复12月25日的护国起义纪念日，并于12月22日获准。

而这次纪念大会的准备工作早已由民盟省支部在抓紧进行了。不管当局批准与否，大会都确定要开，对外是以昆明学术界宪政研究会的名义搞。实际上，云南民盟已几次讨论，确定了发起团体、开会时间、地点、议程诸事项。

经过充分准备后，大会于12月25日在云南大学召开。昆明全城机关学校也放假一天，以示庆祝。会场上人头攒动，气氛热烈，充满活力。护国元老、各界人士、大中学师生、职员、工人、中下级军官等共2千多人参加大会。护国元老黄斐章、白小松、由云龙与唐继尧的儿子唐筱蓂，及吴晗、闻一多先后发言。台下口号声一阵高过一阵。

大会通过了《云南各界护国起义大会宣言》，指出“护国起义这个伟大的历史事实之所以值得我们纪念，是因为它曾在全民族反对独夫政治、反对封建余毒的胜利中，为我们奠定了民主政治的基础。”宣言最后郑重提出“结束一党专政、召集人民代表会议、组织联合政府三项要求”。

大会结束后，参会人员举行了盛大游行，四人一排向闹市走去。护国元老们走在最前面，闻一多、潘光旦、楚图南，潘大逵、吴晗、周新民、曾昭抡、罗隆基等民盟负责人走在队伍中间。沿途口号声不断：“发扬护国精神！”“消灭法西斯帝国！”“打倒专制独裁！”“实行民主政治！”市民们都纷纷驻足观看。这是皖南事变之后昆明的第一次大规模的群众游行。

这段时间，楚图南忙着参加各种社会活动及文协活动，为推动民主爱国运动的不断深入而不知疲倦地脚踏实地工作着，努力着。“楚图南同闻一多、李公朴、吴晗等开始由讲台走向社会、走向街头，大声疾呼，号召青年学生起来反独裁、反内战，坚持抗战到底。响应中国共产党提出的改组国民政府、建立民主联合政府。从1944年逐步高涨起来的昆明民主爱国运动，楚图南、闻一多、李公朴等处在潮流的中心。一些重要的群众集会的讲台上，游行队伍的行列里，都有他的身影和声音。”①

民盟方面的活动也很多，特别是临近抗战胜利之前这段时间，活动更为频繁。1945年3月12日，以昆明文化界名义发表的《关于挽救当前危局的主张》，是民盟云南省支部为主要动力而形成的，具体执笔者是吴晗和闻一多、罗隆基。吴晗、闻一多反复修改了四稿，罗隆基在第一稿中也补充了若干内容，这个《主张》才最后形成。一开始是楚图南、费孝通等59人签名，最后发展到1342人签名。其核心问题是要求召开党派会议，组织联合政府。这个《主张》在国统区的民主斗争中产生了重要影响。

5月初，国民党在重庆召开第六次全国代表大会，拒绝共产党七大提出的建立联合政府的建议，并通过了将于11月12日召开“国民大会”的决定。国民党的六大结束，

① 唐登岷：《高风劲节，典范长存——缅怀楚图南同志》，《云大风云》，云南大学老战友联谊会编，云南大学出版社，1995。

又准备于7月7日召集国民参政会。

鉴于讨论国民党包办“国民大会”事项是国民参政会的主要议题，且国民党走的是一条坚持独裁、准备内战的路线，共产党为揭露国民党的虚伪民主，于6月16日发表声明，表示将不出席这一次国民参政会。

民盟云南省支部联络了其他有关的民主人士，于7月1日发表了《昆明文化界致辞国民参政会电》，明确反对召开这样的国民参政会。7月7日，民盟云南省支部草定了《抗战八周年宣言》，及时表态，提出三个反对：反对内战，反对召开国民参政会，反对召开国民党包办的国民大会。

与这个宣言相配合，民盟云南省支部还很有针对性地从舆论上展开攻势，在《民主周刊》上刊发了《中国的政治前途》、《参政会中的一个难题——国民大会问题》、《中国民主运动中的两条路线》、《我们对三个问题的意见》等一组有关的文章。

民盟云南省支部的这些努力没有白费，尽管执政者未作理睬，但引起了中央民盟内部的重视和社会舆论的关注，一些知名人士和参政员纷纷发表声明、谈话，表示对国民党一意孤行做法的谴责。不得已，国民党只好宣布原定11月召开的国民大会延期。

民盟这些活动，都是与楚图南的努力分不开的。

随着民主运动的不断深入，随着民盟影响的不断扩大，楚图南以他鲜明的进步倾向和诚恳为人、知识渊博、勇敢无私的人格力量，赢得了各阶层人士的敬重，在社会各界中的声望越来越高，在高校师生中的影响越来越大。民盟的、文协的、学校的、社会的、青年的各类活动都邀请他参加，都需要他参加。他也总是竭尽全力地，饱含热情地参加各类活动，并把参加这些活动看作是了解情况、加强联系、交流思想、帮助青年、鞭策自己的好机会。他为能通过这些活动推动民主建国进程、推动青年运动、促进进步文化运动而感到由衷的喜悦。他发自内心地喜欢忙。

楚图南用他这样勤勤恳恳地、卓有成效地辛勤忙碌，迎来了八年抗战的胜利！

民主战士

抗战胜利后，楚图南勇敢投身于“一二·一”爱国运动中，并在险恶形势下，不顾个人安危，于年底挑起了民盟云南省支部主任委员的重担，带领支部形成了一个团结进步的坚强的领导集体。

随着与反动派斗争的浪潮一浪高过一浪，楚图南也越来越站到了风口浪尖上。1946年7月，形势愈加险恶，李公朴、闻一多先后被国民党特务暗杀。按照组织的安排，楚图南和几位民盟负责人在“李闻惨案”后撤离了昆明。楚图南先到了上海，再转赴香港，接着北上进入了解放区，到达中共中央的所在地——河北平山县李家庄，为迎接全国解放做准备。

“一二·一”运动

1945年8月14日，日本宣布无条件投降。中国人民胜利了！

这一天，昆明城里鞭炮声声，欢声阵阵。人们奔走相告，欢欣鼓舞。大家争相阅读刊登这一喜讯的“号外”。闻一多的长子立鹤在城里抢到一张大字“号外”，揣在包里赶回在北郊农村司家营家中向父母亲报讯。

闻一多看到这特大喜讯后，又高兴又激动，迫不及待地到附近的小镇龙头街上那个小理发店去，要剃掉他那从抗战开始时就蓄下的长须。当1938年3月28日，闻一多和200多名师生从长沙步行湘黔滇三省，到达昆明时，他摸着下巴上的胡须对周围的学生说过这样的话：“这一把胡子，是因抗战失利，向后方撤退蓄起来的，一定要到抗战胜利才把它剃掉！”

而此刻，蓄须以待的日子终于来到了！他急急忙忙地对看着他的美髯有些犹豫的理发师傅说：“剃吧！老板。你知道，抗战胜利啦！”

楚图南与民盟诸同仁忙着紧张的商量如何组织活动，庆祝胜利。

可是，大家都高兴早了！人们庆祝抗战胜利放的鞭炮余烟未尽，内战的阴云却已布散在神州的上空！蒋介石的罪恶之手，又要把中国推向灾难的深渊。中国又面临着两种命运、两种前途的大决战。

在龙云主宰下的云南，被蒋介石政权认为是“自由太多”的地方，也是蒋介石政权难于插手的地方。当抗战中龙云的滇军大部分奔赴抗日前线后，蒋介石就不断渗透，逐渐将嫡系中央军调入云南，妄图一步步控制云南。龙云与蒋介石的矛盾日趋尖锐，他也不满蒋介石的独裁腐败，更不愿将云南拱手相让。他利用自己的昆明行辕主任的身份和权力，规定中央军不得进入昆明市区；中央宪兵不在昆明市区执行任务。这个规定保护了龙云自己的地盘，客观上也起到了有利于昆明民主运动开展的效果。可是，越是这样，蒋介石越是把龙云看作眼中的一棵刺，他是不能容忍这种情况的。同时，为了打掉昆明这个“民主堡垒”，免除他发动内战时的这个“后顾之忧”，蒋介石也要拔掉龙云这棵刺！

抗战胜利，举国欢庆，在兴奋喜悦之中，龙云放松了对蒋介石的警惕，他没有想到蒋介石会动手动得这么早！没有想到蒋介石会这么心毒手狠！

10月3日拂晓，天还未亮。昆明城内枪声大作。原来是杜聿明按蒋介石的密令，指挥中央军包围昆明，围攻龙云所在的省政府，要逼迫龙云就范，去重庆“任职”。激战三昼夜后，龙云的警备部队被缴械。龙云被迫“调”往重庆任军事参议院院长，实际上却被软禁起来。

蒋介石命C·C分子李宗黄代理云南省主席职务，又成立了以其嫡系将领关麟征、邱清泉任正、副司令的云南警备司令部，直接控制了云南。这是蒋介石发动内战的第一步。

龙云被蒋介石搞下台后，昆明的形势变得很险恶了。被称为“民主堡垒”的昆明开始面临严峻的考验。才上台的国民党云南省党部主任、代理云南省政府主席李宗黄，一心想当稳这个“云南王”，可自己又不是蒋介石的嫡系，只好拼命表现，显示“才干”，以邀功请赏，坐稳交椅。于是，李宗黄一步步地开始了对昆明民主运动的破坏、镇压。

“双十协定”的墨迹未干，蒋介石便悍然发布了内战密令，指派80万军队进攻上党、邯郸解放区，妄图控制华北，切断共产党军队与东北的联系，做起了独占全国的美梦。

中共中央于11月5日发生了“全国人民动员起来，用一切方法制止内战”的号召。昆明地区的民主进步力量，也和国统区各地的民主力量一道，积极响应中共号召，开展反内战运动。

11月25日，西南联大、云大、中法大学、英专四校学生自治会联合举办“反内战时事讲演会”，原定在云大至公堂召开、并已商借好至公堂。但新上台的李宗黄竟对这种本在抗战期间昆明经常举办的民主晚会也不容许，于头一天（24日）紧急召开“党政军联席会议”，做出禁止集会的决定。李宗黄还到云大威胁校长熊庆来，逼他贴出一个“至公堂修缮暂不出借”的告示。

四校学生自治会出自策略考虑，没有坚持在至公堂召开讲演会，而将地点改为在联大图书馆前的大草坪举行，时间不变。当天下午6点左右，云南大学四周便已布满了荷枪实弹的军警，实施戒严。待他们发觉没有开会师生入校，并获悉开会地点改在联大之后，马上迁往联大包围，联大的校门已从里边关紧了。5千多大中学生和部分公教人员已经聚集在被称为“民主草坪”的图书馆前大草坪上。敌人的包围、威吓并没有把人们吓倒。

晚7时半左右，讲演会开始。首先演讲的是政治学家钱端升教授。他的讲题是《中国政治之认识》。接着是经济学者伍启元教授讲中国的财政经济。大约8时半，当费孝通教授在伍启元教授之后登台演讲的时候，突然停电了。学校周围响起了重机枪、冲锋枪、步枪的吼叫声，中间还不时杂以手榴弹的爆炸声，子弹从人群头上呼啸掠过。

面对反动军警的破坏与恫吓，早有准备的联大同学点燃了两盏汽灯。正在演讲的费孝通高声喊道：“我们不怕机关枪！我们要和平！”“我们不但在黑夜中呼吁和平，在枪声中我们还是要呼吁和平！”

费孝通讲完后，潘大逵教授继续上台演讲《如何制止内战》。最后，与会人员在热烈的掌声中通过了《昆明各大学全体同学致国共两党制止内战通电》和《呼吁美国青年反对美国参加中国内战的通电》。为防止意外，讲演会于9点多钟便结束了。

可是，任何人都没有想到，第二天的国民党报纸却登出“西郊匪警口黑夜枪声”的一则电讯：“（中央社讯）本市西门外白泥坡附近，昨晚7时许，发生匪警，当地驻军据报后，即赶往追捕，匪徒竟一面鸣枪，一面向黑暗中逃窜而散。”——光天化日之下，公然胡说八道，竟将与会者（包括教授们）都诬蔑为“匪徒”！

真是一波未平，一波又起！头天晚上反动军警对讲演会的破坏、恫吓，群众的怒火都还未平，今日又平白遭此公开诬蔑诽谤，是可忍，孰不可忍！师生们愤怒了！昆明愤怒了！全昆明的31所大、中学当即宣布联合罢课，以示抗议！

西南联大的教授也在29日召开教授会议，通过了一项重要决议：“站在教育立场，对本月25日晚军政当局行为，认为重大污辱，应依校务会议决议原则加强抗议。”[①]同时油印散发出抗议书。抗议书中明确指出：“集会言论之自由载在约法，全国人民同应享受，大学师生自无例外，且断非地方军政当局所得擅加限制……本大学举行晚会之时，竟有当地驻军在本大学四周施放枪炮，断绝交通……不特妨害人民正当之自由，侵犯学府之尊严，抑且引起社会莫大之不安。兹经同人等于本日集会，全体一致决议，对此不法之举，表示最严重之抗

① 转引自《闻一多传》，闻黎明著，人民出版社，1992。

议。”①

29日这一天，头天成立的昆明市中等以上学校的罢课委员会组织了有5千多人参加的示威游行。第二天，民盟云南省支部发言人发表了《对昆明大中学校罢课抗议非法的武装干涉集会自由的声明》，明确指出：“我们认为罢课是正当的唯一的抗议手段”，“我们正式声明，我们完全同情这一运动，声援这一运动！”

这份声明公开表明了民盟云南省支部完全支持学生爱国行动的严正态度。学生在坚持罢课斗争，在分组上街宣传，揭露国民党的卑劣行径。“反内战、反独裁、争和平、争民主”的口号声在昆明城此起彼伏，学生们的爱国行动得到了昆明人民的极其广泛的同情。

敌人却在磨刀霍霍。11月30日这一天，特务四处出动，沿街追打学生宣传队。还有传闻说特务们聚集在国民党省党部宣誓：“为党国牺牲！”种种迹象表明，敌人真要动刀了！

12月1日清晨，鉴于敌人完全有可能要下毒手，罢委会贴出布告，暂停外出宣传活动。可是，军警特务仍然打上门来了。震惊中外的“一二·一惨案”就在昆明发生了！

从上午9时到下午4时，大批特务和身着制服、佩带“军官总队”符号的军人，携带武器，有组织有计划地分批闯入云大、中法大学、联大新校舍及位于龙翔街的联大

① 转引自《闻一多传》，闻黎明著，人民出版社，1992。

师范学院、位于拓东路的联大工学院、位于钱局街的联大附中，捣毁校具，殴打师生，劫掠财物，甚至向手无寸铁的各校师生投掷手榴弹。先后在不同地点炸死了于再、李鲁连、潘琰、张华昌4人，重伤11人，轻伤14人，造成了自“1926年‘三·一八’惨案以来将近20年间所没有发生过的大惨案”，震惊了全国，激怒了千百万人民群众。全国许多大中城市纷纷举行游行示威，掀起反内战、争民主的高潮。

云大教职员发表了由陆钦墀教授领衔的71人签名的《国立云南大学教职员为昆明市学生罢课、并受枪击致遭伤亡事敬告各界书》，对学生深表同情；联大教授多次召开教授会，做出罢教决议。接着，《昆明市各大中学教师罢教宣言》也正式发表，楚图南、闻一多、向达、费孝通、潘光旦、费青、刘晋年等人都在宣言上签了名。

民盟云南省支部发表了《对“一二·一惨案”的抗议》，严厉谴责国民党反动派的法西斯暴行，要求严惩凶手，抚恤死难家属，赔偿一切损失。并通过各种方式参加斗争，促成教授会召开紧急会议，做出三项支持学生的决议。

12月24日，云大校长熊庆来和西南联大常委梅贻琦代表云大、联大两校当局举行记者招待会，驳斥中央社对学生的造谣诬蔑，说明“一二·一”事件的真相，对国民党的野蛮暴行表示愤慨和抗议，对学生的斗争深表同情。熊庆来在梅贻琦作了事实真相的报告后，排除外界压力，主持公道，伸张正义。

也就是24日这同一天，代理云南省政府主席的李宗黄，在四面楚歌声中，背着骂名，灰溜溜地夹着尾巴悄悄地离开了昆明。接着，26日的《中央日报》出于无奈，为改正一个月前的诬蔑报道，也刊登了24日记者招待会的消息——《梅贻琦常委熊庆来校长举行记者招待会报告"一二·一"惨案真相》。

至此，罢委会提出的复课的最低条件已经基本达到。中共中央南方局也指示不能无限期罢课，只要国民党作了某些让步，就是我们的胜利，就应考虑复课。于是，昆明学生在地下党组织的领导下。从26日起停灵复课，复课后再继续坚持斗争，"一二·一"运动暂告一个段落。

主持民盟云南省支部

中国民主同盟于1945年10月1日在重庆召开了临时全国代表大会，统一对抗战胜利后的形势的认识，确定今后的斗争方向。大会通过了新的《纲领》、《组织规程》和《大会宣言》，表明了同中共的"争取实现建立联合政府"所一致的斗争目标。

为贯彻临代会的重要精神，民盟云南省支部于12月23日召开了盟员大会，并在会上改选成立了新的执委会，楚图南任主任委员，冯素陶任组织部长，闻一多任宣传部长。同时按民盟中央委员会的体制，成立了相关的委员会：闻一多任青年委员会主任委员，费孝通任研究委员会主任委员，潘光旦任财务委员会主任委员，王振华任妇女委员会主任委员，李何林任文化工作委员会主任委员，杜迈之任秘书处主任。由楚图南、冯素陶、闻一多、费孝通、潘光旦、王振华、杜迈之、杨维骏、赵沨、杨一波、刘宝瑄等11人组成执委会，潘大逵、姜震中、陆钦墀3人当选为候补执行委员。吴晗担任民主周刊社社长。此后，在谦和坦诚、与同事肝胆相照的楚图南的领导下，民盟云南省支部形成了一个团结进步的坚强的领导集体。

在新的支部大会上，制定了新的《暂行组织简章》、《组织部工作计划》，其中一项重要的新内容是，决定在中小学教员、大学生和中下层职员中发展盟员，改变了从前只在高级知识分子和-上层人士中发展盟员的“关门”做法。闻一多对此有感而发：“我们的民盟再也不是一个漂在教授群上的浮萍了。”①

12月23日，正是“一二·一”惨案发生之后血雨腥风的日子，环境极为险恶，进步人士随时有可能被国民党特务迫害的危险，进步人士中的骨干和负责人的危险性更大。从11月25日和12月1日的情况看，敌人是什么毒手都可能下的。在这种情况下，楚图南担任新改选的

① 赵沨：《同忆闻一多先生殉难前夕的二三事》，《闻一多纪念文集》，生活.读书.新知三联书店，1980。

民盟云南省支部主任委员，是需要很大的勇气和牺牲精神的。“明知山有虎，偏向虎山行。”楚图南义无反顾地担起危险而艰巨的重任，带领民盟云南省支部去开创斗争的新局面。

民盟云南省支部改选后不几天，就到岁末了。翻过年去，1946年的1月10日，政治协商会议在重庆开幕。国民党迫于全国人民的压力，不得不召开这次会议，讨论政治问题。这是共产党及民盟等民主党派和全国人民共同努力赢来的一个初步成果。

1月20日，楚图南、闻一多、潘大逵、姜震中、周新民等民盟主要人士便与张奚若、钱端升、朱自清、金岳霖、王赣愚、袁家骅、李继侗、吴之椿、汤佩松、费青、胡毅、闻家驷、尚钺、夏康农、向达、陈定民、杨业治、徐嘉瑞、卞之琳、李广田等教授一道，领衔签名，发表了共有194人签名的《昆明教育界致政治协商会议代电》，就政协会议正在讨论的改组政府、整编军队、国民大会、修正宪法原则等问题，明确表示意见，提出政协会议结束之前应做的四项事和成立联合政府后应办的三件事。

这份《昆明教育界致政治协商会议代电》发表的次日，《政治协商会议昆明各界协进会宣言》又发表了进一步明确提出对政协的4项11条意见。这也是楚图南、闻一多和有关人士、团体共同努力的结果。

2月10日，离政协会议结束仅才10天，重庆较场口就发生了暴徒强占大会主席台、殴伤郭沫若、李公朴、施复亮等知名人士的“二·一O”惨案，并且惨案就发生在重庆各界庆祝政协成功的大会上！

楚图南、闻一多在昆明听到这个消息后，义愤填膺，马上与李何林、洪深等人士联名致函郭沫若、李公朴等人士，慨然表示“誓作诸先生后盾，共同为民主中国之实现而努力”！同时，民主周刊社、时代评论社、妇女旬刊社、学生报社等七报刊还联合发表了《我们对于较场口血案的意见》。

2月17日。政协昆明促进会、文协昆明分会、昆明学联、民主周刊社等团体又发起召开大会，内容有三：一是庆祝政协会议成功；二是抗议重庆“二·一O”惨案；三是严惩“一二·一”惨案祸首——因为屠杀四烈士的元凶李宗黄这时竟升任党政工作考核委员会秘书长。

闻一多不顾危险，毅然担任大会主席，并在报告中指出：反动派“只看到个人的少数人的利益，他们没有远见，所以他们就要破坏政治协商会议的成果，具体的表现，是重庆‘二·一O’血案”；而李宗黄的升官“这件事，和重庆‘二·一O’血案是一样的意义，象征反动势力垂死的挣扎。”闻一多最后号召大家：“我们要击破反动势力，我们有击破这反动势力的信心。反动势力的期限决不会长久！”①

其后，国民党元老诸辅成和钱端升、费孝通、吴晗

①《闻一多传》，闻黎明著，人民出版社，1992。

等人士都做了演讲，“一二·一”惨案中被炸断腿的联大学生缪祥烈做了发言，学联代表宣读了抗议任用李宗黄的《抗议书》。

一位代表宣读的大会宣言，表达了昆明人民和民主进步力量的心声：“我们深深地体验到中国民主道路的遥远，我们虽然庆祝政治协商会议的成功，但这只是民主的开始，而不是民主的获得。”

最后，联大除夕社、现实社、文艺社、冬青社等二十余个社团提议组织“昆明人民权利保障委员会”，以“长期督促政府实践保障人民权利的诺言，实施政治协商会议五项决议”。大会一直开到下午四时半左右。接着举行了声势浩大的万人大游行。这是“一二·一”惨案之后出现在昆明的第一次大规模的游行。闻一多、楚图南、李何林、洪深等30多位主席团成员勇敢地走在这支不向反动派淫威屈服的队伍前列。

3月17日，是“一二·一”惨案四烈士大出殡的日子。

参加出殡的有3万多各界民众。上午11时，游行队伍从联大新校舍出发了。闻一多、楚图南、吴晗、冯素陶等人严肃地走在由学联与联大、云大各校当局，以及省市商会、机关、团体组成的殡仪主席团中。主席团走在队伍的前列。

“一二·一惨案殉难烈士殡仪”大字横幅开路，紧随其后的“自由钟”不断敲撞出沉重的钟声。这钟声震荡着昆明全城，撞击着人们的心扉。队伍从大西门进城，走龙翔街、青云街、华山西路经马市口、正义路，到金碧路，折光华街、小西门，顺环城公路返回联大新校舍。沿途站满送殡的民众，每个路口都设有路祭，每篇祭文都催人泪下。队伍缓缓地行进，队伍之长，令人无法同时看到首尾。当队首已到近日楼时，队尾还在青云街。

直到下午5点多钟，出殡队伍才返回联大新校舍，把四烈士安葬在校园东北隅新修的墓地。哀乐声声，挽歌阵阵，联大代表满含热泪说道："崇高敬爱的烈士们，你们殉难在民主堡垒的门前，如今你们又要长眠在这块地方，让这片我们曾经一同学习一同工作的校园，由于你们而成为民主的胜利。你们安眠吧，滇池的浪花、西山的白云，将永远庇护着你们。墓边的青松，将永远象征着你们对民主事业的忠贞；坟上的蕙兰，将要开出自由的鲜花。你们的赤血，已经培育了民主中国的新芽。看吧，新中国就要来到了，你们的名字——于再，潘琰。李鲁连，张华昌，将和民主的中国一样万古流芳！"①

四烈士墓后的大理石墓壁上，镌刻着闻一多用小篆书写的"四烈士之墓"5个大字。墓壁上还刻着闻一多写就的《一二·一运动始末记》。在扼要叙述了一二·一运动的经过之后，文章深刻指出："'一二·一'是中华民国建国以来最黑暗的一天，但也就在这一天，死难四烈士的血给中华民族打开了一条生路。""愿四烈士的血

① 余嘉华：《闻一多在昆明的故事》，云南人民出版社，1980。

是给新中国的历史写下了最初的一页，愿它已经给民主的中国奠定了永久的基石！如果这愿望不能立即实现的话，那么，就让未死的战士们踏着四烈士的血迹，再继续前进，并且不惜汇成更巨大的血流，直至在它面前，每一个糊涂的人都清醒起来，每一个怯懦的人都勇敢起来，每一个疲乏的人都振作起来，而每一个反动者都战栗地倒下去！四烈士的血不会是白流的。”

自民盟云南省支部的改选以来，楚图南参与了一系列的公开声明、抗议、代电、致函、意见的签名发表，还常常领衔，其中相当一些文稿均是由他或起草，或订正，或审定的。这些工作，不仅仅需要花费心血，更重要的是需要勇气，一种大无畏的勇气！与反动派的斗争浪潮一浪高过一浪，楚图南也随着浪潮，越来越站到了风口浪尖上！

1946年6月，形势越来越加险恶，国民党反动派对民盟制造了各种谣言，为适应新的斗争需要，民盟云南省支部决定召开记者招待会，公开表明自己的观点、立场和主张，“想通过社会影响和社会舆论造成一种声势，来改变这种形势或推迟危机的爆发”①。

6月26日，举行第一次招待会，地点在商务酒店，出席招待会的有50多位地方党政军警负责人。出面主持招待会的是楚图南、闻一多、潘光旦、李公朴等4人。

① 楚图南：《抗战期间云南的民盟工作和民主运动》，《楚图南集》，云南教育出版社，1999。

6月28日，第二次招待会仍在商务酒店举行，出席者有80多人，除文化、教育、金融、实业界贤达外，还有禄国藩、李琢庵、徐佩璜、龙云夫人顾映秋、梅贻琦夫人韩咏华等。主持人除楚图南、闻一多、潘光旦、李公朴4人外，增加了潘大逵、冯素陶、费孝通3人。

6月29日，举行第三次招待会，地点原定商务酒店，但后因该酒店负责人被人恐吓，不敢出借场地，只好临时把地点改在冠生园。出席人是新闻界及各期刊负责人近40人。主持人仍是楚图南等7人。

在第一次招待会上，楚图南较完整地阐明了民盟的政治主张与政治态度。招待会开始，先由潘光旦报告开会意义。他说，借此机会作为民盟支部负责人第一次与各界正式见面，同时，因为联大复员在即，顺作道别；另外，外间传言民盟甚多，亦做以说明。①

然后，楚图南以民盟云南省支部主委的身份致辞，诚恳地表明道："所以我们怀着操心危虑患深的心情，参加了同盟组织。怀着自爱爱国，自救救人的责任感，担负了同盟的工作。我们的目的在求政治的民主化，军队国家化，我们的手段是和平的，是政治的，我们的方式是公开的，是与各方面合作的。"

与会者对楚图南开诚布公的、满怀诚意的讲话，报以热烈的掌声。后来，楚图南这份致辞又由《民主周刊》3卷17期（7月9日）全文刊出，以便社会各界能全面

①《闻一多传》，闻黎明著，人民出版社，1992。

了解民盟的政治主张和政治态度，扩大其影响。

楚图南致辞之后，李公朴面带笑容向与会者简要报告了民盟的历史。接着，闻一多以“颇有学者和诗人气质”的发言表明了自己对政治的理解，强调说“只有以群体为对象的爱，才是政治，尤其是民主政治的基本精神。”最后，他大声说的这段话给听者留下了深刻的印象：“最近在近日楼的墙壁上贴了许多莫须有的标语传单，有意造谣中伤，甚至于诋毁侮蔑民盟，花样翻新，不一而足。现在我们公开与各位见面了，让大家明白了民主同盟的要求，只有八个大字‘和平建国民主团结’，这又有什么可怕呢！”

几次招待会的效果都很不错，民盟云南省支部成员的公开亮相与坦诚的谈话，使不少与会者增加了对民盟的了解，增强了对民盟的信心。第二次招待会上一位商界贤达的这番淡话很有代表性，他说，看到一些壁报时，还以为民盟领袖都是些青面獠牙的怪物，今天见面才知道都是文质彬彬手无寸铁的书生。听了报告才真正认识了民盟，他们并不可怕，都非常和平。最后，他满腔诚意地说，“方才闻先生曾经说过，他们愿意伸出他们沾着粉笔灰的手跟社会各界人士紧紧地握起来。我是商人，我愿意第一个伸出我这污秽的手同他们握……我希望我们士农工商各界都伸出自己的手来紧紧地同他们握着。”[①]

① 王青：《愿与你们紧紧的握手——民盟支部第一次招待会记》，载《民主周刊》第3卷17期，1946年7月9日。

1946年上半年，民盟云南省支部除了做好上述有关政治斗争的一系列工作之外，还开展了另外一种内容的活动，那就是利用大、中学的假期，组织教授、青年学生和文化艺术工作者，以旅行、参观、远足的名义，到州县搞社会调查，推动这些地方的进步活动；还串联了一些教授，以修县志和研究民族问题的名义，去多联络地方上层人士和进步知识分子，扩大影响，做一些统战工作。这年寒假，就有一些教授到个旧帮助修县志，还商量了分工：李继侗写生物部分，张印堂写地理部分，冯景兰写地质部分，李何林写文学评论部分，楚图南、尚钺、袁家骅、邓太年写文史、语言部分。①

这一年的5月，中山中学在昆明学联的代表、彝族青年毕恒光在联大学生、共产党员王松声支持下，组织了一支圭山彝族青年文艺演出队到了昆明，在联大学生和昆明学联的热情接待和支持帮助下，在马市口的省党部礼堂演出。闻一多、楚图南十分重视，还和费孝通、徐嘉瑞、尚钺一道，亲自担任了编导顾问，提出了许多有益的建议。王松声、赵沨、梁伦、聂运华、徐树元等人则分别担任了编导、音乐、舞美、朗诵各小组的业务指导。彝族演员们很受鼓舞，表示一定要争一口气，一定要演好。

演出很成功，充满生活气息和浓郁民族气息的彝家歌舞深深感染了观众，台上台下气氛都很热烈。

---

①《闻一多传》，闻黎明著，人民出版社，1992。

李闻惨案

6月份，随着西南联大复员，进步师生分批离开昆明北上，昆明的民主力量客观上在减弱。而反动派白色恐怖的步子却日益加快了。

当潘朔端率领的184师在东北内战前线海城宣布整师起义的消息传来时，云南人民为自己的子弟兵的义举大为赞赏，昆明民众一片兴奋。可是，反动派做出的却是相反的反应。这184师隶属于第60军，而现在，60军军长的私宅，竟然遭到军警的搜查。其他如进修教育出版社等团体和私宅，也遭到搜查。

早在5月初，昆明街头就开始出现一些威胁民盟领导者的标语传单，把他们的名字写为俄式的"闻一多夫"、"罗隆斯基"、"李公朴夫"、"楚南图夫"，予以嘲讽谩骂。甚至还出现了一个自称"自由民主大同盟"的团体在昆明近日楼和云大门外围墙上，贴出所谓的"布告"，对民盟人士进行公开威吓和挑衅。当时，人们把这种行径看作一种申劣宣传，未作过多理睬。

可现在不同了，反动军警已经开始真枪实弹地闯入民宅和团体搜查。再也不能等闲视之了！民盟云南省支部马上行动起来，6月23日，严正发出了《中国民主同盟云南省支部为昆明军警搜查人民住宅提出严重抗议》。

民盟支部已经意识到形势越来越险恶了，反动派把民盟云南省支部的活动和言论视为“大逆不道”，把民盟支部视为“奸党”，他们要对民盟支部的领导者们下毒手了！

7月11日，西南联大最后一批复员北上的同学早上才乘汽车离开昆明，晚上10点半钟，李公朴就被反动派派出的凶手用无声手枪暗杀于青云街学院坡上。幸好有几个云大同学刚巧从那里经过，连忙把躺在地上呻吟的李公朴先生送到医院抢救。子弹由腰射入，从左腹穿出，伤势非常严重。终因流血过多，抢救无效，李公朴于凌晨五时许闭上了眼睛，他在弥留之际的最后一句话是“天快亮了吧”。

凌晨六时左右，得悉消息的闻一多、楚图南、尚钺先后赶到了医院。可是晚了一步，没有能与亲密的战友说上最后一句话。他们立在李公朴遗体前，流出了悲愤的热泪。他们真不相信战友就会这么死去。闻一多一字一顿地说道：“公朴没有死！公朴没有死！”

又有闻讯赶来病房的一些友人和学生，楚图南、闻一多哽咽着嘱咐几个女同学要照顾好公朴夫人，便和尚钺一道走出病房，急匆匆地赶往位于府甬道的民主周刊社，召集民盟支部的紧急会议。在紧急会议上，组成了“李公朴先生治丧委员会”，拟定抗议书送云南警备司令部，通电公布事件真相；并在分工上明确，楚图南负责组织、主持记者招待会，负责新闻方面的工作，闻一多则负责主持追悼会。

以“民盟滇支部”名义公布的《李公朴先生被刺的经过》7月14全文刊登在《民主周刊》上。这篇文章如实叙述了公朴被刺的经过，简述了公朴十余年来为民主和平奔走奋斗的经历，最后，是一段旗帜鲜明、铿锵有力的文字：

> 救国何罪？李先生竟因救国而下狱！庆祝政协何罪？李先生竟因庆祝政协而被殴头破血流！要求民主和平又何罪？李先生竟因要求民主和平而最后遭此毒手！
>
> 谁是国家民族的罪人，看李先生的遭遇即知！谁是背叛者，看李先生的结果即知！
>
> 这是反动派向人民进攻的证据！这是反动派不要民主和平的证据！
>
> 李公朴先生被反动派特务暗算了，但全中国要求民主和平的人民是杀不完杀不绝的。
>
> 人民应该牢记着这笔血债，应该为我们自己的战士索还这笔血债！

楚图南满怀悲痛地写下这样一副挽联：“时局多艰，思国士，争民主，求和平，与奸邪搏斗，不惜一死；风雨如晦，怀故人，同忧患，共肝胆，遽胁侪催抑，如何勿伤。”

李公朴遇难的真相，随着刊物和电波，冲破反动派的封锁，向四面八方传去，戳穿着反动派制造的种种流言谣传……

街上还传来一种“消息”，说国民党特务黑名单上要暗杀的第二号人物便是闻一多。朋友们劝闻一多为防止意外，尽量少外出。但闻一多仍挺身而出，终日奔波，为公朴料理后事。

7月15日上午，民盟云南省支部在云大至公堂举行李公朴先生殉难经过报告会，请公朴夫人张曼筠做报告。事前，朋友们考虑到闻一多的安全，不同意闻一多出席这个报告会。可一多怎么也不答应，争执不下，最后只好达成“协议”：只出席，不发言，派人接送。

15日当天早上，又有云大同学来家中劝说：“闻先生，您就不用去了。”

闻一多沉思一下，断然回答道：“这怎么行?李先生尸骨未寒，我们这些做朋友的，都不出席，怎么对得起死者?又怎么对得起生者？李先生明天就要火葬了，这是最后的一个重要的群众大会，我可以不发言。但一定得去。我们这些平常积极的人都不出来，青年人会泄气，反动派会更得意——我只要一息尚存，就一定要和反动派拼到底。如果因为反动派放了一枪，就吓得畏缩不前，以后叫谁还愿意参加民主运动?叫谁还信赖为民主工作的人？——走！”说罢便拿起手杖，昂然跨出家门，迈步向云大礼堂走去。①

①《民盟史话》，赵锡骅著，中国社会科学出版社，1992。

大会开始了，李公朴夫人声泪俱下地讲述公朴被暗杀的经过，并说道，“他在死前，就知道随时可以死。他出街时和我说：‘我今天跨出了这道门，不知道能否跨进来。’”李公朴夫人接着又说道：“他虽死，但他的精神没有死，他虽没有了生命，但刽子手却没有了人性！”①

李夫人过于悲痛，有时泣不成声，可混进会场的特务却乘机起哄，打闹，扮鬼脸，抽烟。纠察队一再制止，他们仍不收敛。反动派实在太猖狂！太无人性！闻一多愤怒了！他顾不上“不发言”的承诺，再也按捺不住，走上台去扶李夫人坐下。随后，他激动地即席发表了讲演——著名的“最后一次讲演”。

闻一多用他激越高昂的民主斗志，不畏邪恶的英雄气概，高尚美好的人格力量，追求真理的不朽精神，铸就了这篇气壮山河、永垂青史的讲演！他同李公朴一样，“前脚跨出大门，后脚就不准备再跨进大门”！这种视死如归的崇高牺牲精神，深深地、深深地激动着会场里每一个正直的中国人的心！

报告会顺利结束了，时间快到12点，闻一多在同学们簇拥护卫下回到了西仓坡家中。中午饭后，闻一多对家人说：“下午要招待记者，我稍睡一下，到一点半叫我。”

可是，还不到一点半，闻一多不等家人叫他，就自

①《张曼筠女士讲李公朴同志对死的观感》，载《民主周刊》第3卷19期，1946年8月2日。

已醒了。不一会儿，楚图南也到了闻一多家中。两人边说话边喝了几口茶，便一道出门向民主周刊社走去。这儿离周刊社很近，出宿舍院大门往左拐过去也就一百多米路。但儿子立鹤还是不放心。一直把父亲和楚伯伯送到民主周刊社门口。分手时，父亲让他到下午四五点钟时来接一接。立鹤待父亲他们进去了才转身回家去。

下午的这个记者招待会一直开到四点多钟才结束。楚图南、闻一多都在会上讲话，并回答了记者们提出的一些问题。楚图南对几位青年记者说："我们悼念不是为了哭泣，而是怀着沉痛，更坚定更英勇地走上前去。"招待会开得还顺利，待记者们走完后，楚图南、闻一多又商量了一下工作，并谈到第二天要在云大操场举行的李公朴的火葬仪式的安排。

五点钟左右，楚图南先走出民主周刊社的大门。这是闻一多和楚图南在屋里商量好的：过一会儿分头走，哪怕碰上特务也不至于被他们一网打尽。立鹤是四点左右就等在门口接父亲的，楚伯伯告诉他，"你父亲很快就出来。"楚伯伯那瘦高的身影刚往北拐了右弯，闻一多也出来了。立鹤随手买了一份《复兴晚报》拿在手上，父子二人慢慢地向西仓坡宿舍院走去。这一小段路，三四分钟就可以走到家。他父子俩不慌不忙地走着，不时讲两句话。

西仓坡是一个僻静的小坡，本来行人就少，此刻临近晚饭前，更显寂静。离宿舍院大门只有十几步了，突然，枪声响起，埋伏等待已久的几个特务同时扣动扳机，子弹一齐射向闻一多的身体。

闻一多顿时倒了下去。他头部中了3枪，左腕和胸部也被击中，鲜血染红了他倒下去的那块地方。闻立鹤一听枪响，看到父亲倒下去，便马上扑向父亲，想为父亲挡住子弹，可丧心病狂的特务又射来连珠炮似的子弹，立鹤拼命大喊："凶手杀人了！救命啊！救命啊！"

接着，他也中弹从父亲身上滚了下来。他的右腿被打断，身上中了5枪，肺部被打穿。

在家中听到枪声的闻一多夫人高孝贞和两个女儿闻名、闻朝，还有赵妈，以及立鹤的同学庄任秋，马上向大门口冲去，扑向一多父子俩。不知谁从门口扔出一张可作担架用的折叠行军床来，家人赶快把白色脑浆都流出来了的闻一多抬上行军床，好歹拉住个挑夫赶快送往云大医院。庄任秋也拖来个洋车夫，拉上闻立鹤急忙送往医院。

可是闻一多的伤是致命的，医生无力抢救了。他永远地闭上了眼睛，年仅47岁。立鹤被从死亡线上抢救了回来。

短短5天之中，李公朴、闻一多接连被害，中外震惊，全民愤慨。各地进步报纸纷纷在头版头条报道闻一多惨案。中共中央毛泽东主席和朱德总司令17日从延安发来唁电，周恩来惊悉噩耗，悲愤之极，流着热泪致电闻一多夫人。中共代表团向国民党提出严正抗议，严厉谴责国民党政府无耻卑鄙地暗杀和平民主领袖的行径。周恩来亲笔写下悼词："我谨以最虔诚的信念向殉道者默誓：心不死，志不绝，和平可期，民主有望，杀人者终必覆灭！"

就在闻一多被暗杀的当日深夜，在昆明的美国领事馆以关心中国的民主人士的名义，由副领事罗斯（Ross）亲自出面，驾驶着吉普车连夜分头到楚图南、费孝通、潘光旦、潘大逵、张奚若、尚钺、赵沨等人家中，将他们接到美国驻昆明领事馆“避难”。罗斯也去接了冯素陶，但大门叫不开，未接到。第二天上午，这位罗斯又到了冯素陶家，见到了冯，请冯到领事馆暂时避一避。但冯素陶因事先约了民盟组织部的杨昌辉、宣传部的唐登岷于16日下午到冯素陶家商量一些紧急事务，不便离开，便婉谢了罗斯。

17日下午，罗斯副领事又带着费孝通给冯素陶的信，再次找到冯，说希望冯能与罗斯即到领事馆来，有事商量。冯素陶便带上头天他与杨昌辉、唐登岷商量好的，由唐登岷执笔写出的一份抗议宣言稿到了领事馆，以借此机会征求民盟各位负责人的意见。

冯素陶进了领事馆后，得知楚图南他们在15日深夜进到领事馆后不长时间，便有两卡车国民党宪兵开来把领事馆包围了，要美国领事把这些人交出来由他们“保护”。美国领事拒绝交人，也在领事馆屋顶架起了机关枪，表示一定要保护这些人，情势一度很紧张。①

7月20日，冯素陶带着经大家反复讨论修改好的宣言稿化装离开了美国领事馆，随后公开发表了这份“中国民

①《黎明前后——冯素陶回忆录》，《云南文史资料选辑》第31辑，云南人民出版社。

主同盟云南省支部为闻一多同志复遭暗杀紧急声明”。

楚图南和其他几位民盟负责人在美国领事馆里避难约半个月，当时的云南省政府主席卢汉同美国大使馆派到昆明的人员交涉之后，由省政府代买好飞机票，安排乘飞机离开昆明到上海。楚图南与尚钺于8月初同机到达上海。张奚若、吴晗等人也先后到达上海。

楚图南到上海后很快见到了在马思南路中共办事处工作的华岗，并被引见了董必武同志。接着，“七君子”之一的沈钧儒先生也先委托人来看望了楚图南。几天后，沈先生也来了，并多次约楚图南细谈，了解“李、闻惨案”详情和惨案前后昆明的局势，以及民盟云南省支部的工作情况、组织情况等。

为了给楚图南安排一个公开的职业，沈钧儒介绍楚图南认识了当时上海法学院院长诸辅成，由诸辅成出面聘请楚图南担任上海法学院的教授。与诸辅成交情甚深的沈钧儒还担任了法学院的教务长，这样就更方便地使法学院能团结和安置了相当一批进步教授，而且影响和培养了一批进步学生。

到上海后，楚图南和其他进步人士一样，生活比较困难。当时，由宋庆龄主持的中国福利基金会通过各种关系，筹划到一笔资金，并决定以这笔资金救援从大后方来到上海的处境困难的进步朋友。于是，由许广平找到楚图南通知他，决定资助出版他的一部译作，也就是那段时期楚图南在大后方陆续发表过的惠特曼的《草叶集选》。由于这部译作的出版，楚图南才得以用这笔稿费在上海租到了住房，总算有了个安身的地方。后来，妻子孩子也来到了上海，全家人才有了个家。

闻一多继李公朴之后被暗杀，激起了全国人民的愤怒抗议，国内外舆论都纷纷谴责蒋介石政府的法西斯暴行，全国各地都陆续举行隆重的追悼会，表达哀思，声讨独裁政治。可以说，闻一多的死震动了全国人民的心，特别是震动了知识分子的心。美国驻昆明总领事斯普劳斯写的一份关于李、闻事件责任问题的报告书中这样写道："李被暗杀后，在大学的开明人士引起强烈的谴责。然而，他们不相信自己受到了威胁，因为大家感到，李是一个实干的政治活动家而不是一个知识分子。……可是，闻一多被暗杀使局势完全改观。因为闻是开明人士中的佼佼者，受到知识界的高度敬仰。"①

人民悼念是深沉而热烈的，成都、武汉、重庆、南京、上海……各地的追悼活动一浪高过一浪。7月26日，延安和苏皖解放区各界群众同时举行了反内战、反特务、追悼李、闻等烈士大会。在延安大会上，朱德总司令亲临讲话。7月28日，重庆召开追悼会。这是国统区中第一个大规模的追悼会，"人民世纪，安容虎狼，誓承继志，群起反抗，力争民主，戢彼猖狂，前仆后继，何畏死伤"的祭文和祭台上"民主之魂"这四个特大的字，深深

① 见《一二·一运动史料汇编》第5辑，转引自闻黎明：《闻一多传》，人民出版社。

撞击着与会者的心。

10月4日，上海召开了一个在全国影响最大的有5千人参加的很有特色的追悼会。这个追悼会主席团成员中，有周恩来、华岗、郭沫若、叶圣陶、田汉，还有吴国桢、宣铁吾、吴开先、潘公展等人。“李公朴、闻一多两先生追悼大会筹备委员会启事”是由以宋庆龄领衔的167人作为发起人而发布的。参加者中不仅有和民盟风雨同舟、并肩战斗的中共方面的邓颖超（代周恩来出席——笔者注）、李维汉等同志，以及民盟和上海各界进步朋友，还有国民党中反对蒋介石的一些进步朋友。

这次追悼会之后，楚图南和一些从西南和其他各地来到上海的民盟同志，与上海民盟的朋友们会合在一起，开始了新的工作。楚图南经常参加在开纳路史良律师住所召开的各有关大会、小会。在沈钧儒这位德高望重的长者领导下，楚图南又继续忙碌开了。1947年1月，楚图南参加了在上海召开的民盟一届二中全会。全会宣布不承认、并拒绝参加国民党单方面召开的违反政协决议精神的“国民代表大会”，并做出了《关于现状下的组织原则的决议案》，要求各地方组织转入地下秘密活动，继续坚持斗争。

国民党政府对民盟和其他民主党派及民主人士的迫害越来越加紧了。1947年11月6日，民盟总部被国民党反动政府强制解散，民盟中央主席张澜被软禁；罗隆基被送往医院“治病”，也失去了行动自由；黄炎培病倒在家，门外还有特务设点监视。

沈钧儒认为民盟要坚持和国民党斗争，在上海、在内地无法活动的话，就到香港去，到香港去坚持斗争。楚图南听从了沈钧儒的意见，把家属留在上海，秘密启程到香港去了。

到“山那边”去

楚图南到达香港后，才发现这里的情况也很复杂。虽不如上海那样环境险恶，但却让人感到政治情形难以说清。这里既有共产党领导的进步力量在活动，也有国民党的各派系在亮相，还有带各种政治背景的反蒋政治力量在登场。

在等待与焦虑中，楚图南通过《华商报》找到了中共当时在香港的负责人章汉夫和乔冠华。章、乔二人认为，香港情况复杂，不宜久留，建议楚图南最好早日离港到解放区去。能到解放区去。正是楚图南的心愿。

可是，进入解放区，却绝不是一件容易事。

在这1947年与1948年岁月交替的日子里，楚图南边着手北上的准备，边等待中共中央城工部的行动通知。为了给这次远行作好充分准备，这段时间身体不太好的楚图南尽量深居简出，抓紧进行《希腊神话和传说》这本书的翻译，以预支稿费作为到解放区的旅费，并为家人准备下一点生活费用及孩子的学费。

在楚图南从事翻译的这段时间里，沈钧儒、章伯钧、周新民等民盟领导人和一部分盟员化装成各种身份，冒着危险，陆续由上海到达香港，并决定于1948年1月在香港召开民盟一届三中全会。楚图南委托周新民、冯素陶同志代他出席。

民盟的三中全会郑重做出声明：一、不承认总部的解散；二、推翻蒋介石反动政权；三、宣布同共产党通力合作。自此，民盟进入了一个新阶段。这在民盟历史上是一次重大转折点。按照这个宣言所昭示的重大方针，民盟从此公开地反对国民党反动派，公开地并且全面地与中国共产党合作。实际上，民盟也就是从此时开始，全面接受了中国共产党的领导，公开地走上了一条光明大道。

1948年5月1日，中共中央发出“五一”号召，提出了“召开新的政治协商会议，建立民主联合政府”的主张，沈钧儒、章伯钧等民盟领导人同在香港的各民主党派负责人一起，联名通电积极响应中共的“五一”号召，并发表了《我们对时局的意见》，公开宣布接受中国共产党的领导，团结一致，将人民革命进行到底！尔后，沈钧儒、章伯钧和其他民主党派的重要负责人，取道北上，先后进入了东北解放区。

1948年11月上旬，在中共中央城工部派员帮助下，楚图南经过艰苦异常、险象丛生的辗转奔波，终于抵达了李家庄。

平山县是当时中共中央所在地，毛泽东同志就住在李家庄附近的西柏坡。这里成了中共中央指挥解放全国的指挥中心。一批爱国民主人士战胜重重困难先后聚集到了这里。在楚图南之前到达这里的，已经有周建人、胡愈之、沈兹九、翦伯赞、刘清扬等知名民主人士。楚图南到达李家庄后，中央城工部的负责人李维汉同志亲自接待了他，并安排他很快与先期到达的周建人、胡愈之等同志会合。老朋友相见分外亲切，新朋友初识互致问候，大家沉浸在愉快的氛围之中。

这些民主人士在李家庄受到了毛泽东、朱德、周恩来、刘少奇、任弼时等中央领导同志的亲切接见，特别是多次聆听到周恩来同志的教诲。楚图南在以后的几十年革命生涯中，多年在周总理的直接领导下工作，有很多机会聆听到周恩来同志的教诲。然而，第一次见到周恩来同志，第一次亲耳聆听周恩来同志的教诲，就是在这里——平山县李家庄！

当时，根据李维汉同志的安排，楚图南、周建人、胡愈之、吴晗等民主人士集中在一起进行了包括唯物辩证法在内的多方面的学习。除着重学习了解放战争形势外，还学习了即将建国之后的政权建设、土地政策、城市政策、文化政策、知识分子政策、外交政策、民族政策和对原国民党政府人员的政策等等。

中央主要领导同志和部门领导都来给他们讲过课，讲得最多的一位就是周恩来同志。当时，全国即将解放，毛泽东同志夜以继日地思考、指挥解放全国的大事。周恩来同志协助毛泽东担负着极其繁重的工作，但他仍挤时间多次来看望各位民主人士并亲自讲课。常常是在傍晚，周恩来同志骑着马从西柏坡赶过来，与民主人士促膝交谈，给他们讲形势，讲政策，并听取大家的意见，气氛极为融洽。周恩来同志平易近人，知识渊博，气度不凡，待人有如师长，更如兄长。这一切都在各位民主人士心中留下了极其深刻的印象，更增强了中国共产党对各民主党派人士的凝聚力。多少年后，楚图南还发自肺腑地追忆道："在平山县的这段时间成为我一生中最值得回忆和纪念的时期。"①

在李家庄学习期间，楚图南还应邀到了西柏坡，受到毛泽东的接见。这段时间的学习，对楚图南，吴晗这样一批长期在教育、文化战线工作的知识分子来说，是非常重要的。这批知名人士在新中国成立后能够迅速走上新政权建设的不同的领导岗位，并正确贯彻执行中国共产党的方针政策，带领各级干部和群众，卓有成效地完成上级交给的各项任务，与他们在平山县这段时间的学习与提高是极有关系的。这段时间的学习，对于他们来说，实在是太及时、太必要了。

在李家庄的这段时间里，楚图南这批民主人士与中共中央城工部的各位重要干部都彼此加深了了解。大家互相砥砺，彼此关心，相处甚为融洽。李维汉自不用说

① 楚图南：《人民外交史上的丰碑》（1990年1月），《楚图南集》，云南教育出版社，1999。

了，城工部里齐燕铭、高文华、周子健等同志，日后都与楚图南这批民主人士成了战友加诤友。这段时间中，这批民主人士朝夕相处，他们之间也加深了彼此了解和认识。

在中共中央所在地的这块令千万革命志士向往的土地上，对于楚图南来说，还发生了一件他政治生命中最重要的事情，那就是中央组织部批准他暂作重新加入共产党。

1926年初便已由青年团员转为中共党员的楚图南，因为1930年底的东北学潮案被反动当局逮捕入狱关押达四年之久，出狱后与党组织失去了联系。现在，楚图南终于又回到了党组织的怀抱！

在平山县李家庄这种既热烈紧张又充满希望的气氛中，楚图南和各位民主人士一道，除了学习政策学习形势之外，还肩负起另一项重要任务：为新政协的筹备，充分发表意见交换看法，取得共识，为新政协的成立出谋献策。

李维汉等中央城工部的同志多次召集楚图南等各位民主人士座谈开会，就新的政治协商会议召开的时间、地点、参加单位、参加个人等问题交换看法。城工部的负责同志还和当时已进入东北解放区的李济深、沈钧儒、章伯钧等人士沟通情况，交换意见，表现出共产党充分尊重民主人士、工作细致的优良作风。

1949年2月，在李家庄的各民主党派人士启程离开李家庄，经石家庄前往北平。楚图南与周建人、胡愈之、沈兹九等几十人组成一队，由城工部的齐燕铭同志负责带队和照应。

这支特殊的吉普车队到达石家庄后，暂停了一天，第二天顺利地通过了定县，到达了刚刚和平解放的北平！

走进新时代

到达刚和平解放的北平后，楚图南即参与了文教接管委员会的工作，同时被聘为北京师范大学教授。此外，他还把更多的精力投入到筹组民盟“临工会”和新政协的筹备工作中。

新中国建立后，楚图南受命南下重庆，担任西南军政委员会文教部长，负责大西南的文化教育工作，并担任了西南军政委员会委员、西南土地改革委员会委员。同时，他还担任了民盟西南特派员、民盟西南总支部主任委等职务，负责整理盟务、加强民主党派建设的工作。他深知自己肩上的责任重大，尽自己最大的努力，兢兢业业地为人民事业做了大量有益的工作。

迎接新中国的诞生

北平古城尽管此时仍是寒冬季节，可是人们的心里都是热乎乎的。大家都在为人民新政权的建立而高兴，而奔忙。到处都是一片新气象！

楚图南到达北平后不久，在东北解放区的李济深、沈钧儒、章伯钧、李文宜等人也进入了北平。大家会合后，马上开始了紧张而又极有意义的工作。楚图南和周建人、钱俊瑞、尹达等同志不辞辛苦地参与了对各大学及各文物单位的接管，工作紧张而繁重，经常忙得连饭都顾不上吃。同时，楚图南和周建人等同志还尽量挤时间广泛地和各个方面的知识分子见面，包括从事文物考古的，搞教育的，搞科学研究的，文学界的、艺术界的，等等。他们向各方面的知识分子介绍他们在解放区的亲身经历，并重点宣传中国共产党发展文化教育科学事业的政策及知识分子政策，帮助大家了解共产党，了解共产党的方针政策。

在参与文教接管委员会工作的同时，楚图南并被聘为北京师范大学教授。此外，他还把更多的精力投入到民盟“临工会”和新政协的筹备工作中去。

1949年3月5日，在北平的民盟中央委员和各省、市负责人组成了“中国民主同盟总部临时工作委员会”，负责办理将民盟总部由香港迁来北平的工作，并负责筹备召开民盟一届四中全会的有关事宜。“临工会”的委员有沈钧儒、章伯钧、张东荪、朱蕴山、潘光旦、李章达、丘哲、吴晗、邓初民、陈此生、辛志超、韩兆鄂、楚图南、沈志远、李文宜、刘清扬、张云川（以上为在平中央委员）、彭泽民、千家驹、胡愈之、严信民、陈鼎文（以上为在平地方负责人）等22人，推选中常委沈钧儒、章伯钧主持工作，对外代表总部；推选吴晗、辛志超、沈志远组成秘书处，办理日常工作。[①]

“临工会”组成后第三天，便上书中共中央毛泽东主席，“报告临工会成立的情况，表示愿以至诚接受中共之领导，在新民主主义革命建设的伟大事业中与中共密切配合，尽其应尽之责。10日，毛泽东主席复电表示“无任欢迎”。[②]

3月底，毛泽东、朱德和中共中央各领导人由平山县进入北平，在西郊检阅解放军。楚图南出席了这个阅兵式，心潮澎湃：我们伟大祖国、伟大民族的一个伟大时刻即将来临了！

1949年10月1日，中华人民共和国成立了！楚图南和全体参加新政协的代表一起，沐着金色的阳光，登上了庄严的天安门城楼，参加隆重的开国大典。当奏响雄壮的《义勇军进行曲》，毛泽东亲手按动电钮，第一面五星红旗在广场上高高升起的时候，站在天安门城楼上的楚图

①《民盟史话》，赵锡骅著，中国社会科学出版社，1992。
②《民盟史话》，赵锡骅著，中国社会科学出版社，1992。

南，心情异常激动。在这举世瞩目的盛大节日里，他和全国人民一道，沉浸在胜利的喜悦之中。能和人民一道去争取胜利并同人民一道共享胜利喜悦的人，才是最幸福的！

中国革命的历史从此掀开了崭新的一页！

楚图南的历史从此也掀开了崭新的一页！

主管西南文教工作

“呜——呜——呜——”

1949年岁末，一列专门运送南下干部的列车，鸣着汽笛徐徐驶出北京前门火车站。

月台上送行的人们仍依依不舍地向已驶出月台的列车频频挥手，向车上的战友和亲人祝福。直到列车驶远了，人们才慢慢地离开月台。

今天，楚图南的夫人彭淑端带着儿女们来给楚图南送行。长子泽清已是20岁刚出头的一位小伙子。次子泽涵10岁。女儿泽湘7岁，刚入小学。3岁的幼子泽洋还由母亲抱着。全家人团聚在一起仅半年，父亲就又要远行到重庆工作去了。女儿和幼子眼里都含着眼花。他们多不愿意父亲离开啊！

半年前，早先进入解放区的大哥泽清（已改名为楚庄），到刚解放一个月的上海，把母亲和弟妹们接到了北平。这是全家第一次团聚。

10月末的一天，刘伯承、邓小平同志邀楚图南到中南海谈话。一见面，小平同志快人快语："我们带部队南下，解放家乡去了。你随后马上来，负责大西南的文化教育工作。你马上着手准备。人员配备的问题，你去和统战部、和钱俊瑞同志商量。"这种办事干脆利落而又充分表示信任的战友、同志态度，给楚图南以极为深刻的印象。

这次随同楚图南到重庆工作的，有民盟的杨一波、肖华清、张纪域等同志，有从美国归来的青年数学博士秦元勋及夫人冯敏。还有楚图南的学生、共产党员李志刚。他们先乘火车，后从武汉搭乘军运轮船，元月7日，驶抵重庆朝天门码头。

从这时起，楚图南开始了长达三年的在大西南工作的新生活，一种未曾经历过的从政生活，一种为人民当"官"的生活。

这次中央派楚图南到西南工作的任务是参与领导西南地区经济恢复、文教发展和统一战线工作。1950年3月，楚图南被任命为西南军政委员会文教部长。6月28日，中央人民政府又正式颁发了由毛泽东主席签发的"任命通知书"（府字第2292号）："兹经中央人民政府委员会第八次会议通过任命楚图南为西南军政委员会文化教育委员会主任。"同时，楚图南还担任了西南军政委员会委员、西南土地改革委员会委员等职务，并先后任民盟西南特派员、民盟西南总支部主任委员。楚图南深知自己肩上的责任重大，认真细致地、兢兢业业地开始了他在西南的各项工作。

整个西南地区解放较晚，此时，西藏还未解放。摆在共产党新政权面前的任务是繁重而艰巨的。首先，面临的是清理残余的反动分子，清除旧社会遗留下来的社会渣滓，扫除各种不良风气。在城市，要建立新秩序，恢复工业生产。发展经济。在广大农村，要开展土地改革运动，进行一场改变旧生产关系的伟大变革，真可谓“百废待兴，百业待举”。

楚图南负责领导文教工作，面临的任务同样是相当艰巨的。西南地区除了与新解放区有着一些共同的特点外，还有一些独特的复杂情况。因为西南是国民党反动政府逃到台湾前在大陆的最后据点，反动统治盘踞的时间较长，又是多少年来受封建思想影响最深的地区，政治、经济、文化基础薄弱，教育相当落后。

全区7千多万人口，只有17所公立高等院校和26所私立大专学校，学生共1万5千多人；有1200多所中等学校，学生约15万人；有小学7万多所，学龄儿童入学率甚低，在校学生数很少。

公立高等院校中，除四川大学、云南大学、重庆大学建校历史较长，具有一定的规模外，其余院校基础都比较差。主要分布在重庆和成都的私立大专，除华西大学外，其余的差不多接近这样的状况：“大学的牌子，中学的水平，小学的设备”，教育质量是较低的。

楚图南到职后，坚决贯彻中央和西南大行政区党政领导的决定，公立高等院校和规模较大的中等学校都由当地军管会派遣军代表进驻学校，开始了党和政府对学校的领导。随即在条件成熟之后成立校务委员会全面领导学校工作，使学校工作逐步走上正轨。如重庆大学的校务委员会主任委员就是由数学界老前辈何鲁教授担任，副主任委员由郑衍芬、金锡如教授担任，秘书长由数学家段调元教授担任。校务委员中除有教授和青年教师外，还有职工代表和学生代表。对校委会这样的人选组成，全校绝大多数师生员工都很满意。而在考虑校委会人选的过程中，楚图南则是亲自深入到重庆大学，到广大教职员工和学生中听取多方面的反映，充分征求大家的意见。

对在昆明的云南大学的校务委员会人员配备，楚图南更是关心备至，并多方协调，提出请民盟人士寸树声先生担任校务委员会主任。

楚图南不仅坚持走群众路线，还认真贯彻知识分子政策，努力团结广大知识分子，尽可能地调动一切积极因素。

这一年6月，楚图南到北京参加第一届全国政协第二次全体会议和全国高等教育会议。高教会上传达了毛泽东最近的指示："有步骤地进行旧有学校教育事业和旧有社会文化事业的改革工作，争取一切爱国知识分子为人民服务，在这个问题上拖延时间不愿改革的思想是不对，过于性急企图用粗暴方法进行改革的思想也是不对的。"毛泽东主席的指示，更坚定了楚图南坚持正确地贯彻执行党的知识分子政策的决心。

全国高等教育会议之后，西南文教部召开了由楚图南主持的第一次西南区高等教育会议，传达贯彻全国高教会议精神，并根据中央的方针讨论研究高校的改革调整问题。西南局第一书记邓小平、宣传部长张子意、副部长廖井丹出席会议并讲话，使全体与会代表受到很大鼓舞。这次会议开得很充分，为后来西南区的高等教育改革奠定了很好的思想基础。

1951年，从年初开始，全区开展了教师思想改造运动。楚图南多次到各大学了解情况。发现一些重大问题便及时向西南局反映。他常对周围的同志和大学的负责同志讲：要把政治问题和思想问题分开，不能把土地改革中斗争恶霸地主的那一套搬到学校来，否则就会出偏差，伤害知识分子对党的感情。①

1952年，西南文教部根据中央部署，对全区的高校进行院系调整。这次调整牵涉面广，问题很复杂，有具体的实际问题，也有属于思想认识的问题。为制订好调整方案，楚图南深入到学校开座谈会，亲自到教授家中登门访问，广泛征求意见，在调查研究的基础上反复修订调整方案。上级批准调整方案后，楚图南又多次进行动员，细致地做思想工作。院、校长的任命也主要是由楚图南提名报经人事部门批准后任命的。除就近选拔人才外，还提

① 张纪域：《楚老在西南工作纪实》。

名经中央人民政府任命，调清华大学的著名文学家、诗人李广田教授担任云南大学主持日常工作的副校长（后任校长）。西南文教部还邀请了苏联专家来讲学，介绍苏联的先进教育经验，在全区学校掀起了学习苏联的热潮。

西南文教部不光管教育，还要管文化。在任白戈、徐方庭、李长路、潘大逵等几位副部长的协助下，楚图南在领导文化工作方面也花费了大量心血，取得了一系列成绩：

将罗斯福图书馆改建成具有一定规模的西南人民图书馆；

为保护文物古籍，免遭损毁散失，决定筹建西南人民博物馆；

组建各省、市、区的科普协会；

批准建立了西南人民文工团和西南人民川剧院，以振兴川剧等等。

既要管教育，又要管文化，而且是管一个大行政区的文化与教育工作；此外，还要领导西南民盟总支部的工作——这几年间，楚图南确实是够忙的。可是，工作越多越忙，他却越注意严谨和认真。事无巨细，他都一丝不苟。这种工作作风使得在他周围工作的同志深受感动，也颇受教益。他在工作中还从来不以“老革命”的身份自居，总是心平气和、虚怀若谷地去处理各种问题。

在西南文教部工作的这几年时间中，楚图南的对外讲话稿、报告稿，或是发表在报刊上的文章，都是自己动手写作，不烦秘书代劳。而且，他发表在西南局机关报《新华日报》上的不少文章，都是他利用星期天的休息时间，独自一人关在办公室里反复推敲而写成的。

整理民盟西南盟务

楚图南在抓好西南文教部工作的同时，还担负着以西南盟务特派员的身份领导整理盟务这样一项任务。

初到重庆后，楚图南便很快向中共中央西南局作了关于整理盟务工作的汇报，得到西南局领导和统战部的大力支持，迅速组建了民盟西南盟务特派员办事处，通过党组织从成都调田一平到重庆担任办事处的负责人，并安排了潘大逵、杨一波、肖华清、张纪域、唐弘仁、李康等同志在办事处开展工作。

鉴于西南地区社会情况复杂，楚图南感到整理盟务的确势在必行，但又必须认真而谨慎。他先着手搞调查研究，邀请各地的一些同志到重庆来，请大家介绍情况，组织学习文件，接受任务。通过深入的调查研究，结合西南地区的实际情况，楚图南整理出《当前西南区盟员中存在的几个问题》上报盟中央，提出了三项决定，即：“一致接受，统一整理；政治严肃，组织宽大；重点发展，稳步前进”；以及两项办法，即：“照顾力求周到，整理与学习相结合”。

为培养民主党派的专职干部，加强民主党派的建设，楚图南还报请西南局批准后，由西南人民革命大学举办了两期“民主党派干部训练班”，他还亲自到训练班讲课，帮助学员提高水平，把学员培养成各地盟组织的骨干。

在整理盟务的工作中，楚图南有步骤地着重抓了以下三方面的问题：

首先，恢复和建立各地方盟组织。按照盟总部“加强重点，着重中心城市，不求普遍发展”的指示，先在重庆进行整理地方组织的试点，成立了民盟重庆市支部临工会，取得经验加以推广，并经总部批准后，相继指定彭迪先、贾子群、罗忠信、苏鸿纲、双清、冯泽生等同志在川西、川北、川南、云南、贵州、西康等地筹组支部。

其次，以极为审慎的态度清理盟员盟籍。遵照楚图南的建议，西南盟务特派员办事处做出如下规定：“一、对没有发现问题的盟员批准盟籍；二、对问题尚未查清的，保留盟籍，继续审查；三、对证据确凿的有问题的人，注销盟籍。”这三条决定是符合实际情况的，也是切实可行的，因而得到了广大盟员的支持拥护，保证了对盟籍重新审定登记工作的顺利进行。

再次，筹建民盟西南总支部临工会。经过总部与西南区各位有关负责同志多次协商后，确定成立了以楚图南为主任委员、潘大逵与梁聚五为副主任委员、由常委7人和委员22人组成的西南总支部临工会，并于1950年9月举行了第一次全体委员会。“会议认为盟组织应该把党在各个时期的中心工作作为盟的中心任务，号召全区盟员积极参加各项政治运动，组织各地盟员投入清匪、反霸、减租、退押工作，并指出这是关系到盟组织是否能巩固与发展的严峻考验。会议批准了临工会的工作机构并任命各部门的负责人。”①

由于以上三方面的工作抓得扎实，使西南各地盟组织能有效地带领盟员热情投身到各项群众性活动和政治运动中。经过政治运动的洗礼，各地盟组织在政治、思想和组织上都有很大变化，组织逐渐纯洁了，广大盟员的政治思想水平逐渐提高了，民盟的影响逐渐扩大了，民盟的社会地位逐渐提高了，为日后各地民盟组织的健康发展奠定了很好的基础。

西南的盟务经过三年细致认真而又审慎地整理，成绩是值得肯定的。1952年11月，西南总支临工会召开第二次全委扩大会，对盟务工作作了总结。楚图南在会议上发表讲话，总结了这一阶段的盟务工作，提到四条工作经验：“第一，盟在任何时期开展任何工作都必须诚恳地接受中国共产党的领导，取得党的支持和帮助，工作就会做出成绩。第二，盟组织的巩固和发展，必须与每个时期党和政府的中心工作和政治任务相结合，使盟在实际工作中得到考验，盟组织的巩固和发展才有保障。第三，紧密联系群众。凡是有群众基础、面向群众、面向社会的地方组织，工作就会有力地开展并获得成绩。第四，合力易举。能与兄弟民主党派、人民团体和学校、行政机关密切

① 张纪域：《楚老在西南工作纪实》。

配合，工作即易进行，并有效果。”①

楚图南根据自己在西南抓盟务工作的实践和全区三年来盟务工作发展的情况，总结出来的这四条工作经验，对于我们今天的民盟乃至所有民主党派的工作，仍是颇有现实价值和指导意义的。

1953年，遵照中央撤销大区一级党政机构的决定，西南军政委员会和大行政区相继撤销，民盟西南总支部临工委也相应撤销，民盟在川东、川北、川南、川西、重庆的地方支部也随行政区划的变动而合并成立了四川省支部。

至此，楚图南在西南的工作也画上了一个较圆满的句号。

1953年初，楚图南调回北京，担任中央人民政府扫除文盲工作委员会主任委员。

西南工作的三年，是楚图南一生中“从政”的最初阶段，虽然此前并没有从政经验，但是，他凭着对革命事业的热爱和执着，凭着他一贯的认真严谨的作风，凭着他团结同志、关心同志的胸怀，取得了较好的“政绩”，获得了上上下下的好评。

从高等教育的调整、改革、充实，中小学教育的恢复、发展，工农业余教育和民族教育的积极推进，到文化馆、图书馆、电影放映队、电影院、剧团、演出队的建设、扩大、充实，新闻出版事业的壮大、发展，再到卫生

① 张纪域：《楚老在西南工作纪实》。

工作的长足进步、爱国卫生运动的迅速普及、人民卫生知识的普遍提高，可以说，新中国成立以来的最初三年，西南区的文化、教育工作的确在各方面都取得了很大的成绩。但是，楚图南自己却谦虚谨慎地看待成绩。

诚然，在西南工作的这三年中，楚图南也遇到过一些不尽如人意的事，也碰到过一些困难、干扰和阻力。但是，他不畏困难，不惧干扰，排除阻力，坚持按党和政府的方针政策办事，在西南局第一书记邓小平和西南军政委员会主席刘伯承的领导与支持下，尽自己最大的努力，兢兢业业地为人民事业做了大量有益的工作。

几十年后，在八十年代末的一次活动中，楚图南与刘伯承同志相聚在一起，刘伯承摸着他的手说："图南同志，我眼睛看不到你了，但我听得到你的声音。我们在西南共事共得很好嘛！"

伯承老帅这简短的话语，不正是对楚图南在西南工作情况的最简明的肯定吗？

和平使者

1953年初，楚图南调回北京，担任中央人民政府扫除文盲工作委员会主任委员，同时负责筹备中国人民对外文化协会。次年5月，楚图南被推举为对外文化协会的会长，负责开展民间外交工作。

1958年3月，楚图南任国务院对外文化联络委员会副主任，并继续担任中国人民对外文化协会会长。他在周总理的领导下，作为和平友好、文化交流的使者，足迹遍及五大洲，为中外文化交流作出了卓有成效的贡献。直到80岁高龄时，他仍以“老骥伏枥，志在千里。烈士暮年，壮心不已”的抱负出国访问，为推动世界和平事业的发展而不懈努力。

开拓新中国的民间外交

1953年1月，楚图南全家回到北京。还不等把家庭生活安顿好，楚图南便匆匆到中央人民政府扫除文盲工作委员会去工作了，担任该委员会的主任委员。

蒋介石腐败统治下的旧中国给人民民主新政权留下了一个烂摊子。新中国建立后的这短短几年间，在中国共产党和中央人民政府的领导下，全国人民焕发出从来没有过的革命热情和工作干劲，在各方面都有了较大的变化。但是，中国毕竟太大了，经济基础毕竟太薄弱了，文化教育毕竟太落后了。在全国四亿五千万人口中，文盲所占比例相当大。扫除文盲的工作任务相当繁重，相当艰巨。

楚图南到职后，马上组织力量，搞调查研究，摸清情况，在一些地区和单位作试点，检查落实各地扫盲组织的建立健全情况，还积极推广和介绍西南军区一个基层文化教员祁建华发明的“速成识字法”，并且搞了一个如何循序渐进的方案，提出了一些力量安排和突出重点的意见，诸如重点放在青壮年的扫盲，大量精力关注农村青壮年的扫盲，迅速组织人员编印扫盲课本，开办扫盲人员培训班，在新闻报刊上为扫除文盲大造舆论，形成上下一齐抓扫盲的热潮，等等。

几个月之后，全国的扫盲工作初有起色。而此时，又有新的工作任务在等待着楚图南了。

就是这一年的7月，由于新中国开展外交工作的紧迫需要，楚图南受命在主持扫盲委员会工作的同时，负责筹备中国人民对外文化协会。

当时，由于美国政府奉行敌视新中国的政策，并影响了一些国家。新中国还没有为更多的国家和人民所认识和了解，承认中华人民共和国并建立了外交关系的国家还为数不多，主要是苏联、东欧各国和北欧的一些国家，以及南亚一些与我国相邻的国家。北美洲和拉丁美洲还没有一个国家与新中国建交，西欧和非洲国家中与新中国建交的国家也是非常之少。

面对这样的形势，新中国加强开展外交工作的任务是很重要，也很迫切的。除了加强官方外交这一主要渠道外，积极展开民间外交也是不可忽视的一条极为有效的渠道。按照周恩来总理关于在国际上广交朋友，争取更多的国家和人民了解中国、支持中国的思想，为促进中国和世界各国人民的友好往来，在建国初期首先成立了中苏友好协会，接着相继成立了中缅友好协会和中印友好协会。1952年还在北京召开了亚洲及太平洋区域和平会议，以此为契机，开始和各国的文化、艺术、科学、教育、经济界及从事和平运动的著名人士有了交往。

为继续推动和扩大这种交往，更好地发展中国人民与各国人民间的友好关系，需要设立一些负责民间外交的组织机构。于是，楚图南受命筹组中国人民对外文化协会的同时，南汉辰也受命筹组中国国际贸易促进会。经过半年多的积极筹备，1954年5月，中国人民对外文化协会（简称“对外文协”）和中国国际贸易促进委员会（简称“贸促会”）相继成立了。楚图南被推举为对外文协的会长，南汉辰为贸促会会长。

这样，该两会与由张奚若担任会长的中国人民外交学会以及中国人民保卫世界和平委员会（简称“和大”）一道，形成了开展中国民间外交的格局。

外交学会专门接待各国半官方人士，如议员、党派领袖等，对外文协和贸促会则以民间团体的形式邀请和接待世界各国文化、艺术、教育、科技、经济、贸易等各方面的人士。“和大”则广泛联系各国的著名政治家及社会活动家。它们共同构成了新中国对外工作中开展民间外交的重要力量。

于是，新中国外交的新局面、新格局初步形成，除有很多正式的官方接触之外，还有与各国广泛的民间交往。这用周恩来总理后来的话说，叫做“争取人民，了解人民，依靠人民，寄希望于人民”。

对外文协成立后，就是在这种思想指导下，既“请进来”，也“走出去”，不仅接待了许多来自各个国家的有社会影响、有学术影响的朋友，还派出了相当多的代表团到世界各地进行友好访问，包括到尚未与中国建交的很多国家访问。

1954年6月，楚图南当选对外文协会长之后一个月，便参加由郭沫若率领的一行11人的中国代表团，赴瑞典斯德哥尔摩参加“缓和局势国际会议”。针对当时的冷战局面，会议邀请了法国政治家达拉弟等人参加，讨论如何消除冷战，缓解大国军备竞赛等议题。楚图南被编在会议文化组，与墨西哥前总统希尔、苏联著名作家爱伦堡在一起作了多次讨论交流，增进了与各国代表的相互了解。

同年9月，楚图南由云南省选为第一届全国人民代表大会代表，出席了第一届全国人大会议。12月，出席全国政协二届一次全体会议，当选为全国政协常委。年底，全国扫盲工作委员会的工作结束。之后，楚图南便全力以赴地投入对外文协的工作中。

第二年4月，以郭沫若为团长的中国代表团赴印度新德里出席亚洲国家会议。楚图南任副团长，并在大会上作了“关于促进亚洲各国人民文化交流问题”的报告。会议期间，中国代表团还专程到德里的甘地墓悼念，敬献花环，向印度人民的这位民族英雄表达了中国人民的敬意。

此后楚图南出国访问的活动越来越频繁，与各国人民外交往来的步伐越来越快，几乎可以用“马不停蹄”一词来形容了。

6月至7月，楚图南出席在芬兰赫尔辛基举行的世界和平大会，被选为世界和平理事会理事。

8月23日至12月6日，楚图南又率中国古典歌舞团访问芬兰、瑞典、挪威、丹麦、冰岛等北欧五国。在三个半月的时间里，访问了这5个国家的17个城市。所到之处，都受到了当地人民的热烈欢迎。演出地点都是这些国家中具有最高地位的国家剧院。演出受到欢迎的热烈程度，连这些国家的朋友们都说是他们很少见的。

1956年1月，楚图南以对外文协会长的名义，先后致函邀请丹麦、奥地利、西班牙、比利时、英国、新西兰、澳大利亚、印度、日本、巴西、阿根廷、蒙古、智利、意大利、法国、苏丹、西德、苏联等国文化友协的团体和个人访华。

接下来的半年间，楚图南先后出席了几个重要会议——民盟第二次全国代表大会、全国政协常委扩大会议、最高国务会议、全国人大一届三次会议。随后，在8月至12月这4个月中，楚图南又率中国艺术团出访智利、乌拉圭、巴西、阿根廷四国。

1958年3月，周恩来总理签发任命书，任命楚图南为中华人民共和国对外文化联络委员会副主任，并继续担任对外文协会长。1960年3月，中国拉丁美洲友好协会成立，楚图南又被推选为会长。次年4月24日至5月22日，楚图南率中国人民友好代表团访问古巴。

每当回顾对外文协开展的这些外交活动时，楚图南总是深深感到周总理在新中国新型外交事业中的重要作用，他深有感触地说：“正是由于周总理的倡导，新中国的外交，在世界上以一种新的格局、新的风格出现。这其中，人民外交的思想，人民外交的活动方式，是在周总理指导下的一种创造。在这种思想指导下，中国的各民间团体，广泛地和世界各国从官方到文化艺术、科技、经济、贸易、宗教等各种阶层，各种社会背景的人士交往。这种多层次、多方面、多渠道的交往，是周总理人民外交思想的一个重要组成部分。”①

从20世纪50年代开始到60代中期，以对外文协名义派出访问的代表团就有上百个，中国的文化、艺术、科技、教育界的有影响的人士足迹遍及除美国之外的五大洲。

日本虽然是到了1972年才与中国建交，但从20世纪50年代开始，中日两国之间的民间交往与半官方交往就已经很有规模了。日本的在野党领袖和文化学术界的知名人士，以及贸易人士已络绎不绝地访问中国。由楚图南陪同去见周总理的日本外宾的数量远超过其他国家的外宾。“周总理对日本外宾所做的大量工作，影响之大、之深，是怎么评价都不过分的。”②

冬去春来，寒来暑去。楚图南在周总理的领导下，开展人民外交活动的日程表安排得很满。他不仅多次率代表团出访五大洲，还多次陪同毛泽东、刘少奇、周恩来、陈毅同志等党和国家领导人会见外宾。

1966年4月，对外文协改名为中国人民对外文化友好

① 楚图南：《人民外交史上的丰碑》（1990年1月），《楚图南集》，云南教育出版社，1999。

② 楚图南：《人民外交史上的丰碑》（1990年1月），《楚图南集》，云南教育出版社，1999。

协会，楚图南继续担任会长，兼党组书记。同时仍担任对外文委副主任、党组成员。

楚图南从1956年到1966年这十年间，还参加了国内其他方面的很多重要活动。他确实非常繁忙。工作的两条主线交叉在一起，一条是民盟——政协——人大这边的工作和会议；一条是开展人民外交的大量“走出去、请进来”的活动。

当然，楚图南始终是把开展人民外交这条主线的活动摆在更重要的位置。在周总理和陈毅副总理的领导下，通过楚图南和其他很多同志的共同努力，到“文革”之前，我们国家的人民外交工作已经有了相当的规模和进展。中国人民和世界各国人民之间，增进了广泛的相互了解和友谊。楚图南和其他从事人民外交的同志们打心里感到欣慰。大家真正感到了“我们的朋友遍天下”！

“文革”磨难

1966年6月，“文化大革命”全面发动。

在“文革”开始前，经过建国16年来的努力，我们国家的外交事业取得了非常可喜的成绩，也逐步锻炼出一支很好的外事队伍，诚如楚图南自己切身体会到的那样：“多年来，在外事部门工作的同志之间，关系是融洽的。从领导方面来说，周总理在战略上的高瞻远瞩，在具体工作上的周到细致，对同志们的关心体贴，都给每个同志留下美好的记忆。陈毅副总理的豪放爽朗，待人诚恳，在工作上的严肃认真中不乏幽默，使人感到在陈总领导下工作，简直是一种享受。此外，廖承志、王稼祥、章汉夫等同志都以他们的远见卓识和过人的才华，给我留下了深刻的印象。我经常欣慰地看到，周总理、陈毅副总理为我们建立了一支多么好的外事队伍！”①

可是，令人极为痛心的是，这么好端端的一支外事队伍，在“文革”开始不久，就受到了严重的冲击。林彪、江青、康生、陈伯达之流煽阴风、点鬼火，信口雌黄，对外事队伍中的许多老同志恶意攻击，竭尽诬蔑诽谤之能事，用上许多莫须有的罪名，把不少好同志打成所谓“走资派”、“黑帮分子”、“里通外国的特务”、“叛徒”等等，蒙蔽不明真相的群众，煽动群众对他们横加批判和无情揪斗，妄图把这支由总理和陈毅副总理长期培养起来的外交队伍搞乱搞垮。外交队伍面临着被打散的危险，外交战线的工作出现了严峻的形势。

在这种极为复杂和困难的情况下，周总理的工作很艰难，很辛苦，但他总是千方百计地想法保护干部。楚图南多次参加了总理接见外事口的“造反派”和领导干部的会议。会上有的“造反派”自命不凡，盛气凌人，当着总理的面很不客气地对一些领导干部说话。但总理总是十分从容地、耐心地对“造反派”说服规劝。楚图南感觉

① 楚图南：《人民外交史上的丰碑》（1990 年 1 月），《楚图南集》，云南教育出版社，1999。

得出，这是总理从当时的处境和策略考虑，采取这种做法，使“造反派”和处于被批斗的领导干部之间的关系不至于更激化，这样有利于保护这些老干部、老同志。[①]

很快，楚图南自己也受到了冲击。造反派贴他的大字报，抄家，罗织一些令人难以相信的“罪名”，动辄就开批判会。有时批判其他领导干部时，也要把楚图南叫去“陪斗”。批判会完了，楚图南仍坚持工作。

1967年1月，全国已是一片“夺权”的喧嚣。阿尔巴尼亚由劳动党中央委员巴·佩约率领的阿中友协代表团和国家歌舞团按原定协议到中国访问。此时，楚图南的工作条件已经十分困难。但好在有周总理和陈毅副总理的支持，楚图南仍尽量克服困难，努力做好接待的安排工作，并不计较刚刚才被批判造成的心灵创伤，换换衣服，又陪同阿尔巴尼亚客人到上海、杭州并南下湖南韶山，去参观毛泽东主席的旧居。

从1966年下半年以后，体委、文化部、卫生部等政府部门的外事工作基本瘫痪；仍在工作的对外文委中，党组书记李昌被“打倒”，其余领导亦被揪斗，“靠边站”。这样，外交部以外的大量半官方、非官方的外事工作，就落在楚图南等少数同志身上。在周总理和陈毅副总理支持下，楚图南艰难地维持着部分外事工作，力图保存新中国成立以来建立的中国与外国对华友好组

① 楚图南：《人民外交史上的丰碑》（1990年1月），《楚图南集》，云南教育出版社，1999。

织的关系。这样更招致中央“文革”中康生、江青一伙人及其爪牙们的嫉恨，他们处心积虑地逐步要把楚图南“拉下马”。

1967年这一年中有两次活动，是楚图南难以忘记的。夏天，越南的几位重要外宾访问我国，原定由楚图南陪同前往我国南方几个城市。殊不知在临出发前，一些“造反派”却节外生枝，找了些借口不许楚图南陪同前往，要把他留下批判。无奈，那几位重要外宾在中方无主要负责人陪同的情况下启程离京赴南方访问。

有同志立即把这件事向总理办公室报告，但此时总理在连续工作了几十个小时后刚服了安眠药睡下，办公室的同志实在不忍心在此时惊动总理，答应待总理睡醒后马上向总理报告。6个小时后，总理办公室来电话，说总理指示楚图南立即乘飞机赶赴南方陪同外宾访问；同时，总理还严肃地批评了“造反派”。总理这样处理，固然是以国家利益为重，但同时也包含了用这样的方式很策略地关照楚图南的处境和工作。

半年之后，北京已是寒冬腊月，楚图南又亲历了一件令他难忘的事。按中国与北非一些国家过去商定好的文化交流协议。中国将于近期派出一个演出团赴北非国家作访问演出。此前很长时司就通知济南军区前卫歌舞团为此做了充分准备，精心排演了节目。可此时，中央文革小组文艺组的一些人却对这次访问演出横加干涉，百般刁难，指责他们的节目是“封、资、修”的货色，不同意出访。还提出一定要周总理来审查节目。这些人的险恶用心是想加大本已极度劳累的周总理的工作负荷，拖垮总理。

在当时的情况下，楚图南和济南军区负责这项工作的几位同志心中都感到很憋气，但谁也无法制止这些人的无理取闹，还是只能如实报告总理。一天深夜12点了，总理才抽得出一点时间到大会堂三楼的小礼堂审查节目，并说明午夜2点后还有重要事情要处理，只能抽看几个节目。总理还通知文艺组那些人来一同审查。

看完节目之后，总理对文艺组的那几个人这样说：听说你们对拿出去的演出节目有意见，我看可以先让他们出去嘛，让当地的人民去评判、去鉴别嘛。让他们出去履行协议，对我国的国际影响有好处。演出是好是坏，我们也可以总结经验。[①]总理这番话让文艺组的人再也无话可说。前卫歌舞团终于如期出访，代表国家去很好地履行了原定的文化交流协议。

楚图南从“文革”开始以来的工作处境就是如此艰难，但只要一想到周总理的爱护和支持，楚图南便干劲倍增，在处境极为困难的情况下，仍竭尽全力坚守工作岗位，坚持部分民间外交工作，尽其所能地减少文革对民间外交工作的冲击和危害。

可是，江青、康生一伙搞乱全国、篡党夺权的狼子野心越来越暴露，他们的行动越来越猖狂了。楚图南在开

---

① 楚图南：《人民外交史上的丰碑》（1990年1月），《楚图南集》，云南教育出版社，1999。

展民间外交的工作时，感到越来越艰难了。一天，他给副总理兼外交部部长陈毅同志写了一封信，谈及对工作中的很多情况的不理解，也诉说了一些苦恼。

时隔不久，在一次外事活动中，楚图南见到了陈毅同志。陈毅握着楚图南的手，嘱咐了一句："楚老，你年纪比我大，要保重哇！"

就这么几下重重地握手和几句话，楚图南心中明白了许多不尽之言……

1967年底，康生一伙阴谋家，趁周总理外出访问期间，便宣布解散对外文化联络委员会，并停止一切活动。楚图南前段期间尽很大努力坚持做的部分民间外交工作也不能再继续做了。他被宣布"靠边站"，接受革命群众的批判。

1968年9月，对外文委实行军管，楚图南被撤销一切职务，实行"隔离审查"。接着批斗成了家常便饭，他被不可一世的军代表和部分造反派戴上了一顶"自首变节分子"的帽子。造反派对楚图南三十年代那几年在东北坐监狱的历史大加歪曲，任意诽谤，恶毒攻击，上纲上线。楚图南成了"专政对象"，失去了行动自由。

楚图南的被"专政"，也株连了子女。在石油大学任教的次子泽涵。也因为讲了几句大家想说而不敢说的话——"江青演演戏还差不多，在政治舞台上她掺和什么?"——而被打成了"现行反革命"隔离审查。参加工作不几年的女儿泽湘和还在念大学的三子泽洋也不得回家。家中只剩下病弱的楚图南妻子彭淑端，形单影只，生活艰难。每天晚上，彭淑端都总是觉得，怎么夜这么长……

1969年10月，70岁的楚图南和妻子被下放到河南南部明港地方的“五七干校”。楚图南年纪大了，干不动田间农活，于是干校安排他搞收发。白天，他在那低矮破旧的小收发室里分报分信，还把用过的旧信封翻过来重新糊成可以用的信封。楚图南还要负责打扫厕所，他总是尽力地打扫干净。看到通往厕所的那条小路难走，一下雨就路烂泥滑，他就主动去端一些碎石和沙子，一小段一小段地把路铺得好走一些。

在干校里，他仍然还得不断地写交代材料，参加批判会。但不管怎样，比“隔离审查”时要好了一些。最起码，老夫妇俩能在一起有个互相关照。

日出日落，周而复始……干校的生活条件很艰苦，营养这个问题就更谈不上了。楚图南夫妇的身体越来越差，生活的步履是越来越艰难了……

第二年6月，五七干校的军代表到北京汇报工作，周恩来总理没有忘记问及楚图南等人的情况，当军代表说到楚图南是“老了”，“对‘文化大革命’态度不端正”时，周总理马上抓住这个话紧接着说：“年纪又大了，身体又不好，就让人家回北京治治病嘛。”

就是在总理这样策略地干预和关怀下，楚图南夫妇终于于7月获准返回北京治病。

楚图南夫妇这几年间经历的磨难不少，加上对国事的忧虑，对子女的担心，各种烦恼一齐缠在心头，真是国难家仇，样样揪心，夫妇俩的健康都遭到了很大损害。假如不是此时得到总理关怀返回北京治病，而在“五七干校”继续苦熬下去的话，那后果确是不堪设想的。

回到北京后，楚图南仍然没有能安排工作，用当时的话来说，叫作“挂起来”。在边治病的同时，还边得认真地去参加政治学习，写批判稿，写交代材料……而耳边，接二连三地听到的全是这类让人难以理解的消息：夏衍被关了！周扬被关起了！阳翰笙被关了！齐燕铭也被关了！屈武也被关起了！高崇民、李维汉都被关起来了！还听说南汉辰、田汉等一些同志已不在人世了……

1971年“9·13”林彪事件的发生，给中国的政治生活带来了一丝转机，也给楚图南的政治生活带来了一丝转机。11月，楚图南得到通知，恢复党组织生活，但仍没有恢复工作，继续“靠边站”。

被打成“现行反革命”的次子泽涵也被解除了“群众专政”，能回家了。在石家庄市图书馆工作的一直戴着“右派”帽子的长子楚庄也能到北京看望父母了。大难之后，父子相见，真是“别有一番滋味在心头”！楚图南环顾家人，感情复杂地说了这样一句话：“我们家真可以称得上是‘忠贞三父子，患难两夫妻’了。”全家人黯然无语……

1973年4月，在周总理的直接关怀下，楚图南开始重新出现在民间外交的舞台上，又有机会投身于他所热爱的民间外交事业之中了，即便是一些表面的安排。

随着70年代初中美关系打开了长达二十多年的僵局，以及中日正式建交的暖风吹拂，民间外交的活动，又在周总理的周密考虑和精心安排之下，重新开始了。

1973年4月至5月，在总理的精心筹划下，我国派遣以廖承志同志为团长的中国人民友好代表团访问日本，开创中日民间外交的新局面。

总理对这次组团访日极为重视，亲自考虑代表团人选的组成。既从对日工作的需要出发，又充分体现了对老同志、对文艺界、体育界、经济界、民主党派等方面的知名人士的关照。故这次参加代表团的成员代表面颇为广泛，担任团长的是在日本各界人士中享有盛誉的廖承志，在日本有较高声望的年长的楚图南担任了代表团的第一副团长。

筹组这个代表团访日时，总理提了一个口号："不忘老朋友，广交新朋友。"楚图南和一些同志从中体会出："这里面的含义是很深的。'不忘老朋友'——意味着我国过去和日本民间有来往的文化界、艺术界、贸易界、体育界的许多知名人士，又可以重新和日本各界人士来往。这在当时，对那些多年来处于'被审查'、'靠边站'的同志来说，无疑也是一种政治地位和处境的改善。"

更让人感动的是，在代表团离京时，总理还特意安排了当时刚刚恢复工作的邓小平副总理为代表团送行。当代表团回国时，刚下飞机就立即被接到人民大会堂，总理亲切会见了全团同志并听取汇报。这些安排，都是总理把人民外交活动的恢复，与对一批老同志的政治上的关怀，巧妙地结合起来的做法。

由于有总理的周密考虑和精心安排，代表团此次访日活动相当成功，在日本朝野引起了颇大的轰动，一时间成了日本舆论的中心话题。虽然另一个副团长于会泳等人不断在搞小动作，不断刁难，但终未能挡住中日友好的潮流。廖承志同志留在东京、京都、大阪一带活动，其他团员分多路安排到日本各地活动，东到仙台，西至新泻，南到冲绳岛，北至北海道，日本各地都留下了中国人民友好代表团的足迹，都播下了中日民间友好外交的种子。代表团成员所到之处都受到了对中国怀有友好感情的日本朋友的真诚接待，形成了一股对中国友好的热潮。

这次访日，全体代表团成员都从中感受到了由敬爱的周总理倡导的人民外交活动的巨大力量。

出访日本归国后，楚图南仍未被安排实际工作，只是偶尔参加一些迎来送往的活动。楚图南仍为国家的前途深感忧虑。

楚图南还难以忘记他亲身经历的一次大会。那是1974年1月25日的“批林批孔”大会。会上，楚图南和到会者都亲眼看到了江青是怎样地飞扬跋扈，趾高气扬，怎样地公开刁难周总理，怎样地口出不逊，公开点名攻击郭沫若，看着这些，楚图南和许多人一样的难过，一样的痛苦，真叫做是看在眼里，恨在心头。

就是在这次会上，楚图南见到好几年未见面的郭沫若夫妇。从1967年10月楚图南和郭沫若一起会见来中国参加国庆活动的外宾后，两人再也没机会见面。而长期从事对日友好工作的廖承志、赵安博、孙平化等同志有的身陷囹圄，有的下落不明。而今江青在台上作泼妇状，其爪牙小人得志的猖狂，与其说可恨，不如说无耻。郭老夫人于立群特意离座走到楚图南座前问候他，楚图南也站起来紧紧握着她的手，一再大声地问候坐在前面的郭老。在这样一个“四人帮”滥施淫威的会场上，在众人注目之下，“坐冷板凳”的郭老夫妇与“靠边站”的楚图南勇敢地互致充满友情的问候。

由于总理的关照，1974年，楚图南被补选为第四届全国人民代表大会代表，出席了四届人大第一次会议。一同被补选的还有沈雁冰、胡愈之、叶圣陶等老友。

1975年，楚图南于9月上旬、中旬随全国人大及全国政协参观团赴西南地区参观。

9月下旬至10月。楚图南率中日友协代表团赴日本祝贺日中友协成立20周年，受到了日本首相三木武夫的接见。在日本期间，楚图南利用各种机会，会见了许多老朋友。

“多行不义必自毙”！“四人帮”的倒行逆施为他们自己掘下坟墓。1976年的金秋十月，“四人帮”被牢牢地钉在了历史的耻辱桩上！

楚图南和全国人民一道，沉浸在人民胜利、正义胜利而带来的巨大喜悦之中，内心激动不已，感慨万端。在对外文委留守处召开的庆祝会上，他喜悦之情难以抑制，等不及细想慢吟，当众便朗诵起他匆忙中的“急就章”：

一声霹雳，清除四害。
举国欢腾，万姓称快。

在楚图南的子女们的印象中，“这是父亲首次对公众朗诵他的诗作”。

楚图南欣喜之情溢于言表，然而仍感意犹未尽，回到家中，又展纸挥毫，用他那古朴凝重的字体写下一幅条幅：

莫道长年亦多难
太平望到眼底来

77岁高龄的一位饱经十年动乱的革命老人，对浩劫终于结束、灾难终于过去的那种兴奋和喜悦充溢在字里行间，让人读后感慨良久……

在十年动乱的这些艰难的岁月里，楚图南和全中国的人民群众、广大干部和知识分子一道，经历了空前的灾难和严峻的考验。他和胡愈之等老朋友们，在漫长的十年浩劫中，始终为国家和民族的前途深深忧虑，他们不停地在思考党和国家的命运，也不停地在进行力所能及的抗争，并尽可能地抓住一切可以利用的机会，尽力地为党和人民多做一点儿工作。在“四人帮”横行时期，他们仍坚信党和人民的事业终将胜利。并不断地勉励子女，树立人民必胜的坚定信念。

楚图南终于坚持到亲眼看到了“四人帮”的彻底覆灭，看到了人民的彻底胜利。此时，他能不感到慰藉、不感到兴奋吗?然而，十年动乱的那些艰难岁月又是那样的不堪回首！《十年浩劫》一诗正是楚图南对“四人帮”讨伐的一篇檄文——

十年浩劫信空前，
戚珰伶宦并权奸。
冤假错案百千万，
是非敌我故意编。

砸烂狗头人当犬，
篡改历史跖亦贤。
多少血泪多少债，
伤心试问如何还！

皓首丹心远行友邦

中华民族历史上空前的灾难终于结束了。

噩梦醒来是早晨。中国人民从“文化大革命”带来的巨大创伤中振作起来，开始了新的长征。

十年动乱中，楚图南和全国广大干部、知识分子、人民群众一道，经历了灾难和考验；而今，他又同全国人民一起，精神振奋地走在新长征的路上。而此时，楚图南已是年届八十高龄的老人了。但他仍以极大的热情投身到人民外交和统一战线工作的恢复与重建之中。同时，他以对民族高度的责任感，对知识分子工作、教育工作、青年工作予以了极大的关注。

楚图南有心书录了董必武同志的“咏竹绝句”，寄托自己此时这种“老骥伏枥，志在千里”的心迹和豪情：

竹叶青青不肯黄，
枝条楚楚耐寒霜。
昭苏万物春风里，
更有笋尖出土忙。

1977年春节前夕，全国政协举行春节联欢会，楚图南应邀出席。联欢会上，许多劫后余生的老朋友、老同志相聚，大家都非常高兴。在庆贺粉碎“四人帮”的同时，楚图南还和这些老同志们在一起畅谈如何拨乱反正，恢复民主党派活动的构想，提出一些好的想法和建议。

9月30日晚，楚图南应邀出席中共中央、国务院举行的国庆招待会。在这盛大的招待会上，楚图南和周围的同志又围绕如何恢复和重建人民外交与统一战线工作的话题，热情地交谈起来。10月1日晚，愉快地在天安门城楼上观看节日焰火和广场晚会盛况的时候，楚图南心中更涌起一种念头：为了我们民族的昌盛和国家的繁荣富强，我们这些老同志肩上的责任重啊！

国庆之后不久，民盟开始恢复活动了，楚图南担任临时领导小组成员，领导拨乱反正的工作，与同志们一道努力开创统一战线工作的新局面。

可是，这仅仅是作为民主党派的一些活动，有关组织部门仍未给楚图南分配工作，楚图南仍处于无工作岗位的“靠边站”状态。

1977年12月，胡耀邦同志就任中央组织部长，大刀阔斧地进行拨乱反正的工作，认真地、坚决地落实党的干部政策，迅速解决了夏衍、楚图南等二百零五名干部的工作安排问题。楚图南从此有了自己的工作岗位，能继续为党为人民服务了。

1978年3月。楚图南被选为第五届全国人大代表（由云南省选出）。4月，出席了第五届全国人大和五届全国政协会议，当选为五届全国人大常委会委员和五届全国政协常委。

6月，楚图南担任了中国对外友好协会副会长、党组副书记，积极协助会长王炳南，领导恢复和重建人民外交的工作。中国人民对外友好的活动又渐渐开展起来，日益显露生机。

经过一番充分的准备之后，为开创粉碎“四人帮”之后的人民外交工作新局面，楚图南于1978年11月7日至12月21日期间，率中国对外友好协会代表团出访英国、法国及比利时这三个欧洲国家，以加强同欧洲人民之间的联系和交往。

代表团一到英国，便受到了新、老朋友的热情接待。英中了解协会会长、中国人民的老朋友李约瑟博士不顾八十高龄，亲自驱车到火车站迎接代表团，让代表团成员深为感动。这是一位把毕生精力献给了中英友谊和文化交流的可敬的老人和国际知名的学者。他完成了记述中国历史科学技术文明的七卷本巨著《中国科学技术史》，真诚推崇中国古代科学的成就。

日后，楚图南又热诚地去登门看望了李约瑟博士。在他主办的东亚科学交图书馆内，层层书架上存满了他收藏的世界各国各种语文的有关东亚和中国的从古至今的科学技术资料。

楚图南还率代表团成员去瞻仰了革命导师马克思墓。置身于伦敦海德公园的马克思墓前，代表团的同志们心潮澎湃，浮想联翩。大家想到。无产阶级的革命导师马克思用他的革命理论武装了世界各国的无产阶级，为各国无产阶级的奋斗指明了前进的正确方向。而今，马克思预见的无产阶级的胜利已经在很多国家变成了现实。如果马克思九泉之下有知，当会感到莫大的欣慰。

在苏格兰的首府爱丁堡，代表团与“苏格兰中国协会”主席秦乃瑞先生愉快地会晤了。秦乃瑞先生是1954访华的由著名科学家霍克斯教授率领的英国科学技术代表团的秘书长。他们当时带着由700多位英国利学、文学、艺术界的知名人士签名的致意信来中国访问。周总理亲切会见了他们，并高度评价了他们为中英人民的文化联系和友好交往所做的贡献。郭沫若、李四光、茅盾等中国文化，学术界的领导人也热情接待了他们，并作了非常友好的谈话。

此时，秦乃瑞先生与楚图南等中国客人谈起了过去的难忘的交往，为曾经参与修建中英友好和文化学术交流的“桥梁”而感到欣慰。秦乃瑞先生还表示，在中国正为实现四个现代化而努力的这个时候，中英科学文化界的这种交往更应该大力加强，不断发展。

苏格兰中国协会副会长洛甘先生还热情邀请楚图南和代表团团员到他家中做客，井特意放映了他先后几次到中国亲自拍摄的记录电影。他早年就到过旧中国，拍摄下他当时看到的由于帝国主义横行、军阀混战而造成赤地千里满目疮痍、饿殍遍野的悲惨景象。新中国成立后，他多次到过中国，也用电影胶片记录了这块古老的土地上翻天覆地的巨大变化，记录了获得新生后的中国人民那种朝气蓬勃、意气风发的精神面貌。

洛甘先生与中国客人兴致勃勃地畅谈中国的今昔变化和他的深切感受，并非常热情地对中国客人说："中国有勤劳、善良、勇敢的人民，我爱中国！"

楚图南和代表团团员在伦敦、曼彻斯特、伯明翰、爱丁堡、加第夫等地都遇到了许多关心着中国的变化和进步、关心着中英友谊增进与发展的朋友和各界人士。他们热心地牺牲业余时间和节、假日，为中英友谊的不断发展而不遗余力地辛勤工作、奔走服务。看到这些情况，楚图南深深感到，"将会更加怒放的中英两国人民的友谊之花是根深叶茂的"。

离开了英伦大地，中国代表团抵达法兰西。此时的巴黎，已是初冬。在一个略带寒意的大清早，天空阴霾，楚图南一行特意去瞻仰"巴黎公社社员墙"。法国朋友等候在入门处，陪同他们在"社员墙"前合影留念，向他们扼要介绍了法国无产阶级革命的历史及公社社员们浴血奋战的英雄事迹，还谈及了法国当前的革命形势。

楚图南一行在"社员墙"前徘徊良久。思绪万千，生出"无比的感奋，无限的深思和悼念"。青年时就读过巴黎公社历史的楚图南，在晚年"终于有机会在巴黎高地拉雪兹公墓墙下，瞻仰了巴黎公社最后一批战士壮烈牺牲的地方"。

法国国民议会长沙邦—戴尔马先生对周总理的感

情非常深厚，当中国代表团将最新出版的纪念周总理的《永远活在人民心中》这本画册赠送给他时，他很高兴，热情地回忆了他访华时周总理与他两次谈话共达七八小时的情景，其中一次谈至深夜，双方都还意犹未尽。他向代表团一再强调说，法国是中国的可靠朋友。他捧着画册对中国客人说，我要将画册放在身边，每天看着它。他称赞周总理是一位了不起的政治家，是他平生最尊敬的世界伟人之一。①

在比利时，中国代表团特意去向为中比友谊作出过重要贡献的伊丽莎白皇太后的陵墓献了花圈。1964年时，已是高龄老人的伊丽莎白皇太后还为中比交流来访问过中国，回国后促进中比建交。她对中国的情谊之深厚，不但在她的国家众所熟知，而且也是中国人民永不会忘记的。

在英国、法国和比利时，中国代表团常与外国友人谈起中国对欧洲的政策——我们希望有一个强大的、联合起来的欧洲，正像欧洲朋友们希望我国在建设现代化强国的道路上取得成就一样。②每每谈到这个话题，双方的对话都很愉快而融洽。

这次出访收获很大。楚图南说："我们看到了我国人民同各国人民发展友谊的美好前景。由毛主席、周总理

① 楚图南：《不能忘却的友谊——访问英国、比利时和法国随感》（1980年8月），《楚图南集》，云南教育出版社，1999。

② 楚图南：《不能忘却的友谊——访问英国、比利时和法国随感》（1980年8月），《楚图南集》，云南教育出

以及各国对华友好的老一辈朋友亲自培育出来的我国同世界各国人民之间的友好感情，正在被继续下来，并不断发展壮大……壮丽的前景已经在望了。在国内外的大好形势下，我们应该更加主动积极地做好对外友好工作，更加珍视和发展中国人民和世界各国人民的友谊。①”

出访英、法、比三国回来不久，就到我国人民传统的春节了。在喜气洋洋的全国上下欢度春节的热闹气氛中度完春节后，楚图南经历了一喜一悲。喜的是——中共中央组织部批准了关于楚图南历史问题的复查结论，同意恢复党龄，即从1926年入党时算起。

悲的是——春节过后两个月，与楚图南相濡以沫42个春秋的夫人彭淑端不幸病逝，楚图南深为悲痛。夫人与他自1937年结为夫妻以来，始终与他患难与共，历尽艰苦。夫人不仅是生活中的妻子，也是革命的伴侣。在很多事情上，她都给予了楚图南很大的支持，帮助他共同度过了生活中和工作中的难关，给了他很大的安慰。42年的风风雨雨，42年的岁月交替，他要是没有这样一位好妻子、好伴侣、贤内助，那真不敢设想会是一个什么样子！他们两人几十年相濡以沫，感情极融洽，情义极深厚！此时，夫人竟先他而去，楚图南悲不自禁，伤心已极，打击甚大，顿时苍老了许多。

4月12日，夫人病逝。19日，楚图南与子女们怀着极

① 楚图南：《不能忘却的友谊——访问英国、比利时和法国随感》（1980年8月），《楚图南集》，云南教育出版社，1999。

为悲痛的心情到八宝山革命公墓向遗体告别。在夫人逝世前，楚图南和夫人就约下了这样的誓言：若夫妻俩都过世后，让子女们把俩人的骨灰掺和在一道，将一半撒进母亲家乡的洞庭湖，另一半撒进父亲故乡的滇池中。真是情切切，意切切啊……

送别夫人，回首往事，悲从中来，回到家中。楚图南伤心地写下了下面这首悼亡诗：[①]

一生颠危共险艰，
方期偕老一百年。
蓦地溘然弃我去，
无端悲绪对谁言。

晨兴夜宿音容在，
夕食朝餐暗泪涟。
万般情意千番话，
恨无一语到九泉。

楚图南对夫人逝世的悲痛是难以言尽的。可是，当夫人逝世仅仅10多天后，比利时——中国友好协会主席尼洪率团来华访问，由于工作的需要，楚图南把悲痛深埋在心中，便又振作精神出面接待比利时客人，并陪同邓颖超同志会见了尼洪先生及比利时代表团全体成员。

① 楚图南：《悼念淑端同志》，1979年4月19日。彭淑端火化之日。

5月初，楚图南病倒了，患肺炎，住进了北京医院治疗，一直到7月才出院。刚出院不几天，又坚持工作，陪同叶剑英元帅会见了前印度援华医疗队成员巴苏医生。8月份，又接待了英国的英中了解协会副会长格林等友人。

9月2日，是农历的七月二十三日。这一天，是楚图南的八十寿辰。儿孙们都来祝寿，全家人喜气融融。在照了一张全家福的相片之后，楚图南又特意与孙儿楚进、楚晖及外孙女李宁、李冈合影。尔后，楚图南赋诗《八十书怀》并手书之：

不须忧患萦忧肠，
历尽颠危迎曙光。
伏枥犹思未了事，
壮心直欲奋前行。

暮年仍勉孺牛志，
环海广传友谊香。
但愿人间皆乐土，
满头何惜尽秋霜。

意犹未尽，楚图南又亲作书法条幅“老当益壮，皓首丹心”。

80高龄的楚图南那种“老骥伏枥，志在千里。烈士暮年，壮心不已”的抱负和为人民幸福、为天下和平甘当孺子牛的精神从这一诗、一条幅中不都跃然而现了么？

尽管已80高龄，可楚图南出访的脚步一直未停下来。

1980年4月18日至5月1日，楚图南率领中国对外友协、中朝友协代表团访问朝鲜民主主义人民共和国。访问归国后，他认真地写下访问报告，就中朝关系发展的有关问题提出了建议。这份报告后来经有关方面送到胡耀邦同志处，胡耀邦同志阅后很重视。

1981年5月，楚图南率中国人民对外友协、中罗友好代表团访问罗马尼亚，祝贺罗共成立60周年。

下半年11月，楚图南随彭冲同志率领的全国人大代表团访问日本。出访之前，楚图南与廖承志、孙平化还陪同邓小平会见了日本著名物理学家茅诚司率领的日中友协代表团。

这次出访前，楚图南想起了很多已经过世的日本友人：松村谦三、松奉治一郎。土岐善磨、末川博、中岛健藏、仓石武四郎、河原崎长十郎等。他心情难以平静，以“扶桑再度任留连，山水相迎倍有缘。难忘故人化鹤去，长空遥望总泫然”的诗句表达了怀念故旧的情愫。

到日本后，日本朋友陪着彭冲、楚图南等中国友人特意来到岚山周恩来总理诗碑前。大家伫立良久，再次缅怀周总理的高尚情操和为中日友谊做出的重大贡献。

次年5月，楚图南率中国友好代表团访问意大利，分别在意大利省长联合会秘书长莫莱尔和巴厘省长的陪同下，参观访问了意大利许多地方。在佛罗伦萨、在米兰、在威尼斯……所到之处，无不受到热情接待和欢迎。楚图南文思飞扬，有感而发，写下了《访问意大利游览古罗马建筑历史古迹》、《游威尼斯》等诗章。

5个月后，楚图南又担任副团长，与王震团长率中国人民友好代表团访问日本，参加庆祝中日邦交正常化十周年的纪念活动。

这是楚图南在毕生从事人民外交的活动中第4次访问日本，也是他的最后一次日本之行。在楚图南的外交活动中，到日本访问的次数最多，在日本结识的朋友也最多。每次出访，他都遵照周恩来总理的指示，“广交新朋友，不忘老朋友”。由于楚图南的谦和、学问、人品及重友情等可贵的长处，楚图南成了日本朋友最为敬重的中国友人之一。这次，在中日民间人士会议首次会议上，楚图南代表中方发言，又取得了很好的效果。

1983年3月底，楚图南率中国人民对外友协代表团访问印度，4月12日结束。这是楚图南从事人民外交的生涯中最后一次出国访问。

此时，楚图南高龄84岁。可他仍老当益壮，不辞劳苦地远行友邦。当代表团飞抵印度德里机场，楚图南一行走下飞机舷梯时，印中友协主席、中国人民的老朋友潘特先生立刻迎上前来紧紧拥抱中国朋友，并亲自给楚图南和代表团每个成员戴上花环。在印度各界朋友夹道欢迎的热烈气氛中。潘特先生和印中友协秘书长马哈巴德先生一左一右地伴同楚图南步出机场。

看着楚图南那气宇轩昂的神态和挺直的腰板，没人会相信这是一位84岁高龄的老人！

尽管年事已高，楚图南为了增进中印两国人民的友谊，不辞辛劳地最后一次踏上了印度的土地。

中国代表团抵印才两天，英迪拉·甘地总理就在她的办公室会见了楚图南及全体团员，进行了亲切友好的谈话，强调指出两国友好代表团的互访可以为印中友好大厦添砖增瓦。甘地总理微笑着风趣地说，“你们在夏初来到德里，将去外地访问，天气会一天比一天热起来，但你们将发现，印度人民对中国人民的情谊比天气还要热。”

在印度两个星期的访问中，中国代表团全体同志都沉浸在友谊的海洋之中。楚图南深深感到，“中、印两国人民的友谊就像浩荡的长江、恒河一样，源远流长，我们应使这一友谊不断发展，既不负于古人，也造福于后代。这一友谊不仅符合两国人民的根本利益，而且对维护亚洲和世界和平，对促进人类进步事业都将产生重要的影响。”①

出自这样的信念，楚图南书写了这样的题词赠给英·甘地总理和印中友协潘特主席——“珠峰巍峨，恒水浩荡。中印友谊，源远流长。”

楚图南多年来对从事人民外交工作的感情是很深厚的，对人民外交的作用的认识是很清楚的。他1980年9月5

---

① 楚图南：《长江恒河源远流长》，《人民日报》1983年5月18日。

日在五届全国人大三次会议上的书面发言中，就如此明确地表述了要重视人民外交的作用的看法：

> ……现在和我国有正式外交关系的国家和地区已有一百多个。外交部担负着我国和世界各国政府的外交任务，负担是够重的。而要使中国的政策能为世界各国更多的人所理解，能使中国的影响更深入人心，人民外交这个环节是不能忽视的。以往的经验表明，在和我国尚未建交的国家，人民的、民间的交往实际上是为建交开辟道路，打基础。而建交以后，人民外交又是政府外交的一种不可缺少的补充，而且在一定意义上说，还更显得灵活、机动。现在开展人民外交的工作，除了希望外事领导部门对此应给予足够的重视以外，还应该充分发挥中央和地方的人大、政协等机构的作用。这样就有助于使我国的影响更加扩大，我国的政策能为更多的人所理解，就能有助于为现代化建设争取到更好的有利环境和更多的有利条件。

正是出于对人民外交作用的重视，出于为使中国的政策为世界上更多的人理解，使中国的影响不断扩大，为中国的现代化建设争取更有利的环境和条件，所以，楚图南不辞千辛万苦，不远万水千山，多次长途跋涉，出国访问交流。正是“鹏翼负天行，万里征人万里程，心坦路自平。”1983年元旦，楚图南还写下这样一首诗以明心迹：

万国相亲无怨尤，
太平盛世祝千秋。
天涯海角云游遍，
可有壮图半点酬。

自1954年担任中国人民对外文化协会会长，并于同年出席在瑞典斯德哥尔摩举行的缓和局势国际会议起，到1983年访问印度这最后一次出访止，整整30年里（其中“文化大革命”期间有几年被迫停止了工作），楚图南出访外国二十多次，足迹遍及五大洲，作为和平友好、文化交流的使者，为沟通中国人民与世界人民之间的了解，增进彼此的友谊，推动世界和平事业的发展，做出了重要的贡献。

由于楚图南有着深厚的文化功底、良好的知识结构和丰富的阅历，所以他在开展外交活动中处处显出了学者型的民间外交家的丰采。

在三十年的外交生涯中，楚图南充分发挥了他在知识结构上的长处，来为搞好外交服务。三四十年代，楚图南就曾经翻译过俄国诗人涅克拉索夫的诗选《在俄罗斯谁能快乐而自由》、美国诗人惠特曼的《草叶集选》和

《大路之歌》、德国哲学家尼采所著的《看哪，这人》和《查拉斯图拉如是说》、德国斯威布著的《希腊的神话和传说》、各国优秀诗人的选集《枫叶集》，还翻译过德国的地理学专著《地理学发达史》，等等。现在，楚图南同世界各国的朋友都有谈不完的共同的话题。同苏联的朋友，他可以畅谈涅克拉索夫的诗歌；同欧洲的朋友，他可以与他们讨论尼采，讨论希腊神话及传说；同美洲的朋友，他可以谈论惠特曼，谈论《草叶集》、《大路之歌》；同日本朋友在一起，国学功底和书法功底甚厚的楚图南可以与他们唱和诗作，互赠书法，探研儒学……

在这些文化交流活动中，楚图南如鱼得水，游刃有余。一些21世纪的各国著名诗人、学者、书法家，如聂鲁达、亚马多、李约瑟、土岐善磨、丰道春海、井上靖、末川博、茅诚司等，都与楚图南成为朋友，其中有的还为深交。楚图南为中外文化交流做出了卓有成效的贡献。

夕阳晚霞

拨乱反正之后，楚图南以极大的热情投身到人民外交和统一战线工作的恢复与重建之中，努力开创民盟工作的新局面。1986年，楚图南当选为第六届全国人大副委员会和第五届民盟中央主席。身为国家领导人之一的楚图南，生活简朴，平易近人，始终把人民的利益放在高于一切的位置，把人民的疾苦随时放在心里，称得上是“居身青云上，植根泥土中。”

1988年春，为推进中央机构的新老交替，楚图南请求不再担任对外友协的党政职务和人大副委员长及民盟中央主席职务，只任民盟中央名誉主席。他从领导岗位退下来后，仍然随时关心着与国家发展密切相关的教育、科技、知识分子和青年等问题。

1994年，楚图南以95岁高龄辞世。他的一半骨灰撒在了滇池之中……

开创民盟工作新局面

1983年6月，楚图南被云南省选为第六届全国人大代表，出席了六届人大第一次会议，当选为六届全国人大常委。

年底，中国民主同盟召开五届一中全会，楚图南继续当选为民盟中央副主席。自1958年12月在民盟三届一中全会上当选为民盟中央副主席之后，这一次已经是楚图南连续第三次当选为民盟中央副主席了。这充分表明了全盟同志对楚图南为民盟所做的工作和贡献的大力肯定。

拨乱反正之后，楚图南在致力于恢复和重建人民外交工作的同时，仍在为恢复和重建统一战线工作而辛勤努力。在党的“十二大”以后，各条战线都面临一个怎样开创工作新局面的问题。民盟怎样开创工作的新局面?怎样才算开创了新局面?就这些问题，楚图南做了很多调查研究，并进行了深入的思考，从理论和实践的结合上提出了一些很有见地、很有针对性的意见。他在1983年初着重强调了要开创民盟工作新局面必须要做好的几方面工作——

要充分调动广大盟员的积极性。包括尽职尽责地做好科研、教学的本职工作，协助党做好落实知识分子政策的各项工作等；

要帮助广大盟员不断提高思想觉悟，提高为四化建设做贡献的自觉性，并担负好培养青年一代的光荣使命；

要重视和加强盟组织的发展工作，吸收新鲜血液，特别注意在中年知识分子中发展盟员，要充实和加强各级领导班子；

要紧紧围绕建设两个文明这个中心，勇于探索，大胆实践，开拓新的工作途径；

要进一步提高盟的各级干部、特别是专职干部的政治思想水平、政策水平和工作水平；

各级盟的干部要在工作作风上有明显的转变，要加强同广大盟员和知识分子的广泛联系，深入实际加强调研工作，加强盟内外的团结协作，积极主动、谦虚谨慎地做好盟的各项工作。①

1984年6月，在民盟全国组宣工作会议上，楚图南又发表重要讲话，讲了“加强我们的自身学习问题”和“加强团结问题”，在讲话的最后，楚图南着重指出：

> （现在，）出现了统战工作的春天、知识分子的春天、民盟工作的春天。民盟的性质是为社会主义服务的政党；盟的任务是为四化服务；盟与党的关系是“长期共存，互相监督”、“肝胆相照，荣辱与共”。我们民盟要坚持自尊、自强、自治的精神，严格要求自己，放手开展工作。当前，我们正面临着改革的大好形势。全盟干部必须进

①《中央盟讯》，1983年第2期。

> 行一次重新学习，增强盟内外的团结，进一步肃清“左”的思想影响……进一步开创民盟工作的新局面。[①]

在四个月后召开的“民盟为四化服务经验会”上，楚图南代表民盟中央致开幕词。这次交流会，是民盟历史上的第一次，主旨在于检阅成果，表彰先进，交流经验，鼓舞干劲，推动工作。

由于党中央大力提倡尊重知识、尊重人才，各级党组织认真贯彻知识分子政策，极大地调动了知识分子建设四化的积极性。“五年来，盟员同志被授予劳动模范、先进工作者、模范教师、‘三八’红旗手等光荣称号的，有一万八千人次。荣获全国科学奖、创造发明奖等奖励的，有四十多人。在参加各种学术活动中有四十多位同志被授予各种学位或荣誉职称，荣获勋章或奖章。有六十六人被选为中国科学院学部委员，一百多人担任国务院学位委员会评议组成员。”[②]

此外，民盟各级组织还走出了面向社会、开展各项为四化服务活动的新路子，如办各类学校、培训班、补习班，为发展科教文化事业、振兴经济献计献策，举办多学科学术讲座、现代科学知识讲座等，开展科技咨询、智力支边等活动，对发展经济、促进生产、加快边远和少数民

---

①《楚图南文选》，中共党史出版社，1993。
②《楚图南文选》，中共党史出版社，1993。

族地区的建设，起到了很好的作用。

楚图南在开幕词中，满怀信心地指出："可以预期，今后，民盟的同志们在不断提高自己的政治觉悟和智力更新的基础上，进一步为四化服务的路子将越走越宽广。工作的质量和内容将越来越提高、越来越深入。"

1986年1月，楚图南被推选为民盟中央代主席。4月，被补选为第六届全国人大常委会副委员长，成了一位国家领导人。年底，在民盟五届三中全会上又当选为民盟中央主席。第二年春，为推进民盟中央领导机构的新老交替，楚图南率先提出辞去民盟中央主席职务，于是被推选为民盟中央名誉主席。以后在民盟第六次全国代表大会上，仍继续被推选为民盟中央名誉主席。

"居身青云上，植根泥土中"

身为国家领导人之一的楚图南，生活却极为简朴，从不盛气凌人，没有一点"官气"，严于律己，严格要求自己的子女和亲友，平易近人，关心群众，始终把人民的利益放在高于一切的位置，把人民的疾苦随时放在心里，真正可以称得上是"居身青云上，植根泥土中。"①

楚图南多年来一直居住在北京东四一座老式的四合院里，院中栽有两棵柿子树和一些花草，院内简单朴素，清洁雅致。正厅大间便是楚老的会客室兼书房，连着

① 楚图南：《登山口占》诗句。

的小间是楚老的卧室。房子陈旧不说，很多地方的油漆已剥落，家具也全是一般的陈旧的普通书柜和木桌、藤椅。卧室的大小仅10平方米，实在是简单之极。除了五十年代就已开始用的两个木柜橱和一张写字台外，就是一张简易的使用多年的小铁床，床上的被褥也都是旧的。

1986年9月，楚老出差在外，有关部门趁这个机会把楚老这张小铁床换成一张宽一些的席梦思床。楚老出差回来后，便责问家人："谁让你们换的?"待家人说明情况之后，楚老仍坚持不用席梦思床，他对工作人员语重心长地说："我睡小铁床已经够了，不要再浪费国家财产了。"当天晚上，工作人员只好又换上小铁床，第二天就把席梦思床退回给有关部门。①

到楚老家的客人不少，或谈工作。或搞采访，或看望楚老，或索要墨宝……楚老是怎样会客的呢?民盟中央参议委员会常委唐弘仁回忆道——"他家里没有正式的会客室。实际上他是在一个四面通风的过道或者说是走廊中接待客人。屋子里只有普通靠椅，没有什么高级沙发之类的设施。楚老接待客人，一贯是清茶一杯，偶尔有一盘水果。他自己也总是坐在一张普通靠椅上与客人谈话。许多到楚老家里坐过客的人都认为楚老的接待室与他在政府中的职位，很不相称。但我们观察楚老，他好像从不计较这些，身居陋室。安之若素。"②

---

①见刘思扬、朱冬菊：《惟留遗愿祝来世》，载《中央盟讯》1994年6期。

②《涅而不缁，磨而不磷》。载《中央盟讯》1994年6期。

楚老过生日的时候又是什么样的呢？——“楚老八旬以后，每年生日，我与民盟的部分同志都前往拜贺，总是清茶一杯伴着四壁书籍和纸笔墨香，在座者无不对楚先生的人格操守与丰厚学养由衷感佩。回顾我与楚先生相识共事的50年，更是如这手中清茶一般，浓浓革命情，淡淡君子交。”①

楚老的饮食也很简单，常常是两菜一汤，还喜欢在饭桌上放一个小半导体收音机，边吃饭边收听新闻广播。楚老的一个侄孙女王碧辉一次从文山老家到北戴河开会，顺道去看望六舅老爹楚老，亲眼看到了楚老俭仆的生活，她后来在一篇回忆文章中记下了楚老平常真实的生活状况：“舅老爹廉洁自持，严于律己，虽身居高位，但对子女要求严格，保持劳动人民本色，从不允许子女乘坐自己的专车。女儿每星期回来一次也要转两次公共车。老人家生活很有规律，每天黎明做健身活动，持之以恒，按时工作，除接待来访及其他会议活动时间外，看书看报，晚饭后在柿子树下乘凉，家人围绕，谈笑风生，晚上收听广播，十点按时看晚间新闻。老人家吃的都是面包牛奶，稀饭馒头，二菜一汤，多属番茄之类……”②

1986年6月，楚老家乡云南省文山州有四十多名干部到北京学习，其中有几位州委的领导干部。8日是个星期天，大家便用这个星期天的上午，去看望楚老。这次与楚

① 李文宜：《浓浓革命情淡淡君于交》，载《中央盟讯》1994年6期。
② 王碧辉：《“太湖珍品，秀外慧中”——记和六舅老爹楚图南相处的日子》，载《云南政协报》1992年6月8日。

老的会见，虽然短暂，但楚老那种平易近人、谦虚和蔼的品质和对故土文山的一片深情，给在场的文山干部都留下了非常深刻的印象。

楚老不仅对自己要求严格，对子女要求严格，而且对远在文山老家的亲戚也要求严格，每每在书信来往中都要他们努力学习、努力工作，不能给当地政府提任何个人要求，不能打着他的旗号去给当地政府添麻烦。当地政府曾几次有修葺楚老旧居开辟为纪念馆的考虑，但楚老都断然阻止了这种计划，明确提出不用修葺，不搞纪念，更不能把现在住在那里的居民迁出。

早在50年代中期，楚老就有《书嘱家乡亲属》：

沉着稳练，冷静全面。
乐观进取，身勤志坚。
认真学习，努力工作。
自强不息，人定胜天。

80年代初，楚老又特意写过“露余山青，红杏在林”的词句。1988年10月，楚老语重心长地“书嘱楚泽海、王振权”——“纵有凌云志，不忘菜根香。”接着又“书嘱楚泽海、楚泽源”——“任重道远，自勤志坚。”①

---

① 以上“书嘱”句，引自《文山州文史资料》第八辑，1990年3月。段鹏起集注。

楚老在晚年接受《健康报》记者张金杰采访时的下面这一段谈话很有意义，不但反映出楚老廉洁奉公、严于律己的优秀品质，也值得我们每个人深思……

当记者请楚老谈谈他养生之道的秘诀时，他乐呵呵地说，我没有什么秘诀，我吃大众饭，锻炼也没什么特殊方法，然而，有句话我是坚信的："心清神自逸，身勤梦亦安。"接着楚老详细地向我解释了这句话的含意。"清"就是干净，没有混杂的东西；"心清"就是没有私心杂念，没有那么多胡思乱想，能做到"心清"才能使精神安乐。"身勤"就是自己多勤劳，尽可能多做些事，这样睡觉做梦也香，我国古代养生学曾有"少私寡欲"之说。楚老意味深长地说："是劳动人民养活了我们，我们绝不能有那么多私心杂念。做事要认真负责，风格要高尚，不能见利忘义，心不'清'想问题就多，好逸恶劳，好吃懒做，就对不起老百姓。老夫子曾说'敬事而信，节用而爱人，使民以时'"。尽管楚老已经93岁高龄，但他头脑清晰，思路敏捷，听他讲话真是耐人寻味。

楚老多年来，一直特别关心青年问题、知识分子问题和教育问题。哪怕在十年浩劫中，他和胡愈之等老友常常忧心忡忡地谈到这些问题，并大胆向党中央进言。1986年当选六届全国人大常委会副委员长后，楚老明确表示："我们这些人是伏枥老骥，虽然还有千里之志，但终究有些力不从心。尽量为年轻人创造条件，让他们充分施展才华，这方是我们老一辈的心愿。”[①]1988年春，为推进中央机构的新老交替，楚老向中共中央和全国人大常委会提出请求，不再担任对外友协的党政职务和人大常委会副委员长职务。党中央和全国人大批准了楚老的请求，并对楚老这种从党和人民的利益出发，用实际行动积极推进中央领导机构新老交替的表率之举予以了高度评价。

楚老虽然从全国人大常委会副委员长的岗位退了下来，但他却始终与人民大众心连心，仍然随时关心着与国家发展密切相关的教育、科技、知识分子和青年等问题。

楚老忧国忧民的精神还集中表现在他的诗作和书法作品中。

自从粉碎“四人帮”时，楚老在对外文委留守处庆祝会上朗诵诗歌——首次对公众朗诵他的诗作以后，楚老的诗作就多起来了。用他自己的话说是，以前他写字多是抄录前人章句，现在他想到，他所经历的时代比前人丰富得多，体会也深刻得多，因此今后要写自己的东西。[②]

其实，对旧体诗词和书法的喜爱一直是楚老多年来的业余爱好。五十年代他出国访问时，常常忘不了带上一本商务印书馆三十年代出版的《十八家诗抄》。六十年代以后出国访问时，又多带上了一本《鲁迅诗稿》和一本《毛主席诗词三十七首》，都是文物出版社出的线

① 刘思扬、朱冬菊：《惟留遗愿祝来世》，《中央盟讯》1994年6期。

② 楚泽涵、楚泽湘、楚泽洋：《刍草集·后记》，人民文学出版社，1995。

装本，既轻便，又看得清楚。楚老对旧体诗不仅酷爱，而且是很有造诣的，“偶尔也写下几首，但一般不示于人”[①]。

1979年楚老的夫人逝世后，写作诗词也成了楚老寄托感情的一种方式。楚老的子女说，“这时已80岁高龄的父亲，诗作和书法创作十分活跃。在他笔下有年轻时搏击的记录，有对历史的严肃的思考，有对未来的憧憬，也有对家乡山水的怀念，有对同志、朋友的真挚情意。从父亲的旧体诗词中我们犹感到他在早年杂文中所表现的对理想境界锲而不舍的追求，对世界上不合理现象愤疾的悲剧精神，一种自己奋力而又激励别人进取的力量。父亲在90岁前后所作的一首秋词是晚年心境的一种很好写照：

秋圃秋光映夕阳，
满园花果正飘香。
暮年夸父犹追日，
皓首丹心勉自强。”[②]

尾声

1992年10月，楚老在体检时被发现有癌细胞。11

① 楚泽涵、楚泽湘、楚泽洋：《刍草集·后记》，人民文学出版社，1995。

② 楚泽涵、楚泽湘、楚泽洋：《刍草集·后记》，人民文学出版社，1995。

月，楚老住进了北京医院。打这以后，病情就时好时坏。在医院里，楚老积极配合医护人员的治疗，坚持与疾病做斗争。对医生和护士，仁厚的楚老都很客气。每次在医生护士为他忙碌过之后，他总忘不了亲切地轻轻地道一声“谢谢”。就是在一度说话困难时，他也忘不了用手势向他们致意。

翻过年去，春节到了，中央统战部长、全国政协副主席王兆国同志到医院里看望楚老，带来了党中央的关心和问候。全国人大、民盟中央的同志们也来到了医院，亲切问候楚老。对外友协的同志们也来了……楚老对来看望他的领导同志除表示谢意外，还总是诚恳地对他们说：“不要为我耽误了工作。”

楚老因病住院期间，担任民进中央副主席的长子楚庄，任石油大学教授的次子泽涵，在中科院力学研究所任副研究员的女儿泽湘，在电影科技研究所任高工的幼子泽洋，工作都很繁重，但他们总是尽量挤时间到医院看望父亲。有时楚老便批评他们：“你们还有很多重要工作要做，有很重的责任，不要老守在我这里。”

躺在病床上，楚老的心仍静不下来。4月末的一天，楚老思潮起伏，写下了这样一首感怀诗：

偶　感

崎嵚山寨到天堂，

血泪斑斑万里长。
狂暴拦路经险境。
忧患摧人更坚强。

战火声中识敌我，
创建人类新曙光。
怆然略述未了志。
勉我后辈好儿郎。

在医护人员精心治疗护理下，楚老在进入夏末秋初时，病情稳定了一些，身体有些康复。于是，楚老得到医院的允许，又回到东四自家那旧庭院中住了一段时间。这是楚老最后一次在家中居住。

10月6日，身体还不怎么好的楚老还在家中会见了日中文化交流协会理事长白土吾夫、事务局长佐藤纯子，与他们作了亲切友好的交谈，还询问了日本一些老朋友的近况。日本友人看到楚老的健康有所恢复，也很高兴，向楚老转达了日本老朋友们对他的亲切问候。这一次与日本友人的会见，是楚老最后一次会见外宾。

北京的金秋十月是一年中气候最好的季节。没想到十月才刚过去，楚老的身体状况就又随着冬季的降临而恶化了。楚老又住进了北京医院。11月13日这一天，暖暖的初冬的阳光照进病房，几个子女都在身边。楚老思绪万千，支撑着已很羸弱的身体，艰难地对子女们说道："我追随共产党多年，在党的培养下，做了一点点工作，但离党和人民的要求还很远，还有许多工作没做。你们一定要认认真真地做人，实实在在地做学问，多做有益于国家和人民的事。"子女们面对为党和人民的事业操劳了七十多个春秋的老父的郑重嘱咐，都心情沉重地点头默允，在心中都下定决心，要按父亲的教导，以父亲为榜样去认认真真地做人、做事、做学问，竭尽全力为国家和民族多做贡献！

楚老的状况越来越不好，身体越来越虚弱，就是在这种情况下，楚老还顽强地支撑着写下了他一生中最后的一首诗，表明了他那博大的胸怀：

冬　云

（病中作于北京医院）

苦风凄雨日已斜。
冻云如墨冷天涯。
此身安得化灰烬，
爝火传薪暖万家。

天气越来越冷，楚老似乎已感觉到自己的时间不多了。在他生命这最后的一段日子里，楚老总像有许多话想说……

1994年春节，楚老很费力地在一张信笺纸上，用钢笔给子女们写下这样短短的话："平等互爱，和平进步！共同努力，人类幸福！"

这是楚老生前留下的最后绝笔。

落款处楚老还写了5个字："书付楚泽涵"。这是写给子女们的话，其实也是楚老想写给人类子孙后代的话，是楚老毕生为之努力奋斗的目标，是楚老一生的最大的心愿。在生命的最后岁月里，楚老仍寄希望于未来，寄希望于青年一代！

怀着这样的希望，怀着对"和平进步"、"人类幸福"的理想，楚老仍在与死神作最后的抗争。日历一页一页地翻过，楚老的生命之灯越来越微弱了……

一个多月之后，1994年4月11日上午8点25分，楚老的心脏停止了跳动。楚老走了，走得非常安详，非常从容……

参考书目

1.《楚图南著译选集》（上、下），北京师范大学出版社，1992。

2.《楚图南文选》，《楚图南文选》编辑组编，中共党史出版社，1993。

3.《楚图南集》，云南教育出版社，1999。

4.《楚图南——跨世纪的探索》，楚泽涵楚泽湘楚泽洋编著，北京师范大学出版社，1996。

5.《刍草集——楚图南诗词选集》，张仲田编，人民文学出版社，1995。

6.《民盟史话》，赵锡骅著，中国社会科学出版社，1992。

7.《我与民盟》，中国民主同盟文史委员会编，群言出版社，1991。

8.《中国民主同盟简史》，民盟中央文史委员会，群言出版社，1991。

9.《中国民主同盟历史文献》，中国民盟中央文史资料委员会编，文史资料出版社，2011。

10. 《李公朴纪念文集》，云南人民出版社，1983。

11. 《闻一多传》，闻黎明著，人民出版社，1992。

12. 余嘉华：《闻一多在昆明的故事》，云南人民出版社，1980。

13. 《五四运动与北京高师》，北师大校史资料室，北师大出版社，1984。

14. 《江城英烈》，佟杰主编，吉林文史出版社，1988。

15. 《中共吉林历史概要》，中共吉林历史概要编写组，吉林教育出版社，1991。

16. 《人民教师的摇篮——北京师范大学》，北京师范大学校史编写组编，北京师范大学出版社，1980。

17. 《师范群英光耀中华》第二卷，侯刚、麻星甫主编，陕西人民教育出版社，1992。

18. 《李大钊》，王朝柱著，中国青年出版社，1981。

19. 《怀念蔡和森同志》，中共双峰县委宣传部编，湖南人民出版社，1980。

20. 《胡愈之传》，于友著，新华出版社，1993。

21.《出版家黄洛峰》，马仲扬苏克尘著，光明日报出版社，1991。

22. 《艾思奇传》，杨苏著，云南教育出版社，1994。

23. 《云南文史资料选辑》第 7、31、40、43 辑，政协云南省委员会文史资料委员会编，云南人民出版社。

24. 《云大风云》，云南大学老战友联系会编，云南大学出版社，1995。

25. 《文山州文史资料选辑》第 3、4、6、8 辑，政协云南省文山州委员会文史资料研究委员会编。

26. 《文山县文史资料》1、2集，政协云南省文山县委员会编印。

27.《山国的儿女——纪念云大附中建校五十周年文集》(内部印刷)，云南大学校友会附中分会编，1986。

28. 《抗日民族统一战线在西南》，政协西南地区文史资料协作会议编，四川人民出版社，1990。

29. 《路南文史资料选辑》第一辑，路南县政协文史资料编纂组编。

30. 《济南一中校史 1903—1988》(油印本)。

31. 《曲阜师范学校校史 1905—1949》(油印本)。

32. 《生当作人杰，死永照丹青——中共云南地方党史的若干问题》(油印本)。

33. 《云南现代史资料》(一)，云大历史研究所民族组编(油印本)。

34. 《云南历史大事纪要》(近现代史部分)，《云南历史大事纪要》(油印本)近现代史部分组编。

35. 《黑龙江青运史大事记》(1919. 5—1949. 10)，共青团黑龙江省委青运史编辑室印。

36. 《黑龙江青年运动史》(1919—1949)，共青团黑龙江省委青运史编辑室印。

37. 《云南省志·文学志·现代文学》(征求意见稿)，蓝华增编写，《文学界》1993年第1-2期。

38. 《中共哈尔滨党史人物传》，周淑珍著，黑龙江人民出版社，1997。